*Studien des Instituts
für Elementar-Psychologie
und optimales Verhalten*

*Herausgegeben von
Dr. med. Fritz Wiedemann*

ELEMENTAR eps PSYCHOLOGIE

Fritz Wiedemann

Die elementaren Gefühle und Bedürfnisse des Menschen

*Grundriß
einer neuen Wissenschaft:
»Elementar-Psychologie«*

*Seewald Verlag
Stuttgart*

Alle Rechte vorbehalten.
© Seewald Verlag Dr. Heinrich Seewald, Stuttgart-
Degerloch 1974. Umschlag von Hela Seewald. Gesetzt in
der Linotype Aldus-Antiqua. Gesamtherstellung: Buch-
druckerei Wilhelm Röck, Weinsberg.
ISBN 3 512 00371 0. Printed in Germany

Inhalt

Vorwort	7
Eine erste, echte Psychologie	9
Es gibt Organe der Psyche	10
Ordnung durch die Elementar-Psychologie	13
Zielstrebige Mechanismen	16
Die Entdeckung der Gefühle	18
Das bisherige Wissen der Emotionspsychologie	22
Die Wahrheit der Elementar-Psychologie	24
36 Wirk-Elemente der Psyche	26
Der Schmerzfluchttrieb (FE 1)	28
Der Nahrungstrieb (FE 2)	29
Der Durst (FE 3)	31
Der Ekel (FE 4)	31
Die Angst (FE 5)	33
Der Abwehrtrieb (FE 6)	35
Aggression durch Frustration	36
Das Streben nach Besitz (FE 7)	37
Der Sexualtrieb (FE 8)	39
Die Sehnsucht (FE 9)	40
Sympathie-Antipathie (FE 10)	41
Der Fürsorgetrieb (FE 11)	43
Der Geselligkeitstrieb (FE 12)	44
Der Geltungstrieb (FE 13)	45
Der Machttrieb (FE 14)	47
Der Unterordnungstrieb (FE 15)	48

Achtung – Verachtung (FE 16)	50
Das Gewissen (FE 17)	51
Der Neid (FE 18)	53
Die Eifersucht	55
Der Freiheitsdrang (FE 19)	56
Der Gerechtigkeitssinn (FE 20)	58
Die Vernunft (FE 21)	61
Reue und Befriedigung (FE 22)	63
Heiterkeit und Depression (FE 23)	65
Körper, Seele, Geist	67
Der ästhetische Sinn (FE 24)	70
Der Bewegungsdrang (FE 25)	70
Der Tätigkeitstrieb (FE 26)	72
Der Leistungstrieb (FE 27)	74
Die Müdigkeit oder der Ausruhtrieb (FE 28)	75
Das Gefühl der Anstrengung oder der Schontrieb (FE 29)	76
Die Willenskraft oder der Überwindungstrieb (FE 30)	78
Das Wesen der Zufriedenheit (FE 31)	80
Die Neugierde (FE 32)	82
Die Logik (FE 33)	83
Der Mitteilungsdrang (FE 34)	84
Der Nachahmungstrieb (FE 35)	85
Die animalischen Triebe (FE 36)	86
Die Motivation	87
Die elementaren Bedürfnisse der Menschen	88
Die Funktion des Verstandes	89
Elementare Psycho-Therapie	90
Eine neue Wissenschaft	94

Vorwort

Der Verfasser dieser Arbeit ist Philosoph, Psychologe, Mediziner, Neurologe und Psychiater. Er war auch als Hirnchirurg tätig. Mit diesen Vorkenntnissen schuf er die »Elementar-Psychologie«, eine neue Wissenschaft, die zeigt, daß die menschliche Psyche ganz anders funktioniert, als es in den bisherigen Psychologien dargestellt wurde.

In dreißigjähriger Arbeit hat der Verfasser und haben mehr als 20 Psychologen und Mediziner die Erkenntnisse der Elementar-Psychologie anhand der psychologischen Weltliteratur überprüft und keine Gegenbeweise zu den Behauptungen und Lehrsätzen der Elementar-Psychologie gefunden.

Die Elementar-Psychologie gibt eine eindeutige Antwort auf die Fragen, wie, worauf und wozu (für welchen derzeitigen oder früheren biologisch-sozialen Zweck) der Mensch mit seinen Gefühlen Liebe, Sehnsucht, Haß, Ekel, Freude, Wut, Ärger, Langeweile, Neid, Schadenfreude, Sympathie, Antipathie, Stolz, Scham, Heiterkeit und Depression reagiert. Die Elementar-Psychologie beweißt:

1. daß die Psyche aus einfach darstellbaren, elementaren Funktionseinheiten (Organe der Psyche) besteht, die gesetzmäßig (wie ein Mechanismus) auf ihre spezifischen »Signale« reagieren;
2. daß alles Denken, Fühlen, Begehren, Wollen und Handeln von diesen elementaren »Mechanismen« ausgelöst und durchschaubar und wie in einem Computer gesteuert wird;
3. daß diese Elemente (Organe) der Psyche sich wie die Reflexe, Instinkte und Triebe der Tiere in Millionen Jahren entwickelt haben, daß sie uns Menschen wie die Organe unseres Körpers unveränderbar vererbt und angeboren sind, sowie daß jedes dieser Elemente eine bestimmte Aufgabe zu erfüllen hat;
4. daß die Elementar-Psychologie schon heute die auslösenden Signale (Schlüsselreize) für alle Gefühle (Emotionen) und Reaktionen der Psyche exakt zu nennen vermag.

Der Verfasser publizierte bereits 1969 seine elementar-psychologischen Erkenntnisse allgemeinverständlich in seinem Buch »Die Gefühle«. Das vorliegende Buch bietet die Wissenschaft der Elementar-Psychologie vor allem Ärzten, Psychologen, Soziologen, Politikern, Futurologen und Studenten an.

In dem Zeitalter der Menschlichkeit, das wir alle anstreben und das das Zeitalter der Technik ablösen soll, wird die Elementar-Psychologie eine besondere und wichtige Aufgabe erfüllen können, zeigt sie doch erstmalig deutlich und exakt, welche elementaren Bedürfnisse dem Menschen angeboren sind und auf was der Mensch mit seinen Emotionen reagiert. So wird es möglich, die Umwelt und das Verhalten der Menschen diesen Bedürfnissen und Emotionen besser anzupassen.

Die Elementar-Psychologie wird gesellschaftspolitische Auswirkungen haben.

Ambach am
Starnberger See,
September 1974   Institut für Elementar-Psychologie
                       und optimales Verhalten

Eine erste, echte Psychologie

Die bisherigen Psychologien haben vergeblich versucht, wirklich »Psychologie« zu sein, das heißt eine Lehre von dem, was sich in der Psyche abspielt. Viele von ihnen haben fast nur noch das außerhalb der Psyche Erkennbare erforscht und beschrieben, auf der einen Seite, was auf die Psyche an Reizen von außen her einwirkt und mit den Sinnesorganen wahrgenommen wird, auf der anderen Seite das äußerliche Verhalten der Menschen. Was dazwischen liegt, nämlich das eigentliche Psychische, klammerte man aus. Man tat es, weil man glaubte, das eigentlich Psychische, das heißt die Bewußtseins-Inhalte, nicht exakter fassen zu können. Man hielt es für unerforschbar, nahm an, daß es »anderen« Gesetzen gehorche und daher exaktem naturwissenschaftlichem Forschen nicht zugänglich sei. Weil man es im Labor nicht messen konnte, meinte man, es auch nicht objektivieren zu können.

Kopfschmerzen kann man auch nicht messen. Sie können nur subjektiv festgestellt werden. Trotzdem sind sie eine Realität und sind auch Experimenten und einer statistischen Erfassung zugänglich. Auch sie sind, wie jeder Schmerz, ein Bewußtseins-Inhalt, ein Gefühl.

Es war, als ob man ein Haus (die Psyche) beobachtete, dabei feststellte, wer hinein- und wer hinausgeht, jedoch keine Ahnung davon hatte, was in diesem Haus geschieht.

Die Elementar-Psychologie (EPS) ist erstmalig eine echte Psychologie, weil sie das beschreibt, was in diesem Haus selbst, in der Psyche, im und mit dem Bewußtsein geschieht.

Die EPS lehrt das bisher Unbekannte oder nur undeutlich Bekannte:

1. Die Psyche ist ein Organ im Menschen, das automatisch-instinktiv das Verhalten steuert. Sie arbeitet ähnlich einem Computer und besitzt wie dieser einen selbsttätigen Regelmechanismus.
2. Die automatisch ablaufende Steuerung erfolgt durch die Kraft der elementaren Gefühle.
3. Die Gefühle (Emotionen) lenken unser Wollen, Wünschen, Werten, Denken und Handeln. Nur sie bewirken unser Glück und unser Leid. Alles Angenehme und Unangenehme

auf der Welt sind Gefühle, nichts und nie etwas anderes als Gefühle. Der ganze Reichtum der Welt wird uns nur über unsere Gefühle zum wirklichen und erlebbaren Reichtum.
4. Das mit dem Phänomen Bewußtsein arbeitende Organ Psyche besitzt Unterorgane, welche die EPS »zielstrebige Mechanismen der Seele« oder »elementare Funktionseinheiten« nennt.
5. Die EPS kann die zielstrebigen Mechanismen der Seele exakt beschreiben. Darüber hinaus kann die EPS aussagen, wie, worauf und wozu wir Menschen mit den einzelnen elementaren Gefühlen reagieren. Die EPS lehrt die exakten Gesetze des Fühlens, Denkens, Wollens und des in der Psyche vorbereiteten Handelns. Sie lehrt die Spielregeln der Gestalten, die sich in unserem Bewußtsein bewegen. Sie ist daher erstmalig eine sowohl echte als auch exakte Psychologie.

Es gibt Organe der Psyche

Die EPS hat 36 elementare Funktions-Einheiten (FE) der Psyche gefunden, von denen jede auf eine sehr zweckmäßige Weise eine bestimmte biologisch-soziale Aufgabe zu erfüllen hat. Auf diese Aufgabe ist sie in und mit der Evolution bezogen worden.

Am Nahrungstrieb und dem Sexualtrieb, den ersten Trieben der Lebewesen, sind die Entstehung und die Aufgabe am leichtesten zu verstehen. Bei den übrigen 34 FE der Psyche ist es nicht anders. Unbegreiflich wäre nur, warum sie ohne Zweck und Aufgabe entstanden wären. Auch die Organe des Körpers haben sich für eine bestimmte Aufgabe entwickelt. Es gibt kein sinnloses Organ, es sei denn ein atavistisches, das früher einmal eine sinnvolle Aufgabe hatte.

Die Organe des Körpers sind ebenfalls elementare, das heißt angeborene, im Leben unveränderbare, voneinander exakt abgegrenzte Funktionseinheiten mit bestimmten Aufgaben. Denken wir an das Herz und die Niere! Die FE der Psyche sind im Gehirn lokalisiert. Man kann sie, wie Tierversuche zahlreicher Forschungen und Beobachtungen in der Hirnchirurgie ergaben, elektrisch reizen und damit typische Reaktionen, das heißt zur betreffenden FE gehörige Empfindungen und Handlungen auslösen. Die FE sind also tatsächlich im menschlichen Körper verankerte Organe und werden nicht nur mit solchen verglichen.

Für die EPS ist die ganze Psyche ein Organ, das aus 36 Unterorganen besteht. Die EPS definiert die Psyche als das Organ im Menschen, das mit dem Phänomen Bewußtsein arbeitet. Dadurch unterscheidet es sich von allen anderen Organen und wird auch begrifflich genau festgelegt.

Die EPS interessiert als Wissenschaft von der Seele die materielle Struktur der Psyche nur am Rande. Diese zu beschreiben, ist nicht ihre Aufgabe. Sie untersucht und beschreibt, was im Bewußtsein wirkt und was im Bewußtsein beobachtet werden kann.

Die von der EPS beschriebenen Gestalten sind echte und beweisbare Realitäten. Jedermann kann sie beobachten. Man kann statistisch feststellen, daß in tausend gleichen Situationen tausendmal die gleiche Gestalt erscheint oder daß ein bestimmtes »Signal« stets eine bestimmte Emotion auslöst. Die EPS kann daher ihre Behauptungen mit naturwissenschaftlicher Exaktheit beweisen, auch wenn Gefühle nicht meßbar sind. Die Erkenntnis-Philosophie war immer schon der Ansicht, daß das, ja sogar nur das, was im Bewußtsein erscheint, Realität ist.

Die von der EPS beschriebenen Realitäten sind daher sowohl nach der Erkenntnis-Philosophie als auch nach den Regeln der Naturwissenschaften (Wiederholbare Experimente) exakt nachweisbar. Der Blitz am Himmel braucht schließlich auch nicht erst gemessen zu werden, um als bewiesen zu gelten. Haben ihn mehrere Menschen gesehen, gilt es als sicher, daß es tatsächlich geblitzt hat.

Damit soll klargestellt werden, daß eine exakte Psychologie, das heißt eine Lehre über Vorgänge und Gestalten in der Psyche und im Bewußtsein, möglich ist, was bisher vielfach bezweifelt wurde. Die EPS kann daher auch Organe, Mechanismen, Aufgaben, Reaktionen der Psyche so beschreiben, wie körperliche Vorgänge in der Medizin und in der Biologie beschrieben werden.

Die Natur hat das Verhalten unserer Zellen und Organe und die Bewältigung vieler Aufgaben durch Regelsysteme auf eine bewundernswerte Weise gelöst. Auf eine ähnliche zweckmäßige

Weise regelt die Natur unser Verhalten durch zielstrebige Mechanismen in unserer Psyche.

Die Erkenntnis, daß einzelne elementare Triebkräfte (FE) der Psyche mit den zu ihnen gehörigen elementaren Gefühlen (Emotionen) exakt voneinander abgrenzbare Aufgaben haben, war bisher so gut wie unbekannt, ja wurde sogar von vielen Psychologen bestritten. Und doch handelt es sich dabei um einen verhältnismäßig einfachen und einleuchtenden Sachverhalt.

Nehmen wir als Beispiel den in der Evolution vermutlich zuerst entstandenen Trieb, den Nahrungstrieb. Jahrmillionen bevor wir mit unserem Verstand begriffen haben, daß wir uns ernähren müssen, um am Leben bleiben zu können, regelte dieser Trieb mit seinen Gefühlen, dem Hunger und dem Appetit, beim Essen das Nahrungsbedürfnis und automatisch-instinktiv das entsprechende Handeln. Hunderttausend Jahre bevor wir »wußten«, daß die Kinder in geschlechtlicher Vereinigung gezeugt werden, und lange bevor wir uns bewußt Kinder wünschten, regelte der Sexualtrieb mit seinem Gefühl der Wollust automatisch-instinktiv das Problem der Fortpflanzung des Lebens.

Zu diesen noch primitiven Urtrieben sind im Laufe der Zeit höhere, jedoch ebenso angeborene und elementare zielstrebige Mechanismen gekommen, die den höheren Aufgaben zweckmäßigen und sozialen Verhaltens dienen. Jeder dieser Mechanismen besitzt zwei elementare Gefühle, die das von der Natur gewollte Begehren (Wollen, Wünschen) automatisch regulieren.

Mit diesem Regel-System lebten die Menschen Jahrhunderttausende lang, bevor ihr Verstand versuchte, willkürlich in dieses System einzugreifen, und damit oft mehr Unsinniges als Vernünftiges bewirkte. Daß wir heute noch genau so gesteuert werden und sogar unsere Vernunft ein solcher zielstrebiger Mechanismus mit einer ganz bestimmten Aufgabe ist, das kann allerdings erst der im Studium der EPS Fortgeschrittene begreifen.

Ordnung durch die Elementar-Psychologie

Die 36 zielstrebigen Mechanismen (FE), die uns mit ihren spezifischen Emotionen angeboren sind, treten bei ganz bestimmten Gelegenheiten ins Bewußtsein. Wer erkennt, wozu uns Gefühle wie Sympathie, Antipathie, Wut, Ekel, Angst, Stolz, Scham, Neid, Schadenfreude usw. gegeben sind, kann finden, wie sinnvoll sie uns zu leiten vermögen, aber auch, wie wenig sinnvoll wir sie mit unserem sich oft irrenden Verstand heute gebrauchen. Wer die Aufgaben der einzelnen Elemente der Psyche begriffen hat, wird zunehmend imstande sein, die Naturkräfte der Psyche sinnvoll zu nutzen.

Ein Beispiel dazu: Eine elementare Funktionseinheit der Psyche ist der jedem Menschen angeborene Geltungstrieb. Die EPS lehrt: Wie jeder elementare Trieb ist auch dem Geltungstrieb eine spezifische Lust und Unlust eigen. Seine Gefühle heißen Stolz und Scham. Die positive, angenehme Emotion des Stolzes wird von Wahrnehmungen und Vorstellungen ausgelöst, die uns zeigen und bedeuten, daß wir hochgewertet werden oder daß unser Wert steigt. Die negative, unlustvolle Emotion der Scham wird von Wahrnehmungen ausgelöst, die uns bedeuten, daß unser Wert gering eingeschätzt oder herabgesetzt wird.

An den beiden beispielhaften Lehrsätzen der EPS über die Funktion des Geltungstriebes sehen wir, wie formelhaft einfach, eindeutig und klar sich psychische Mechanismen beschreiben lassen. Die Formel für sie gleicht so sehr unseren physikalischen Gesetzen, daß eine Umkehrung der Vorstellungen von Plus auf Minus auch ein Umschlagen der Gefühle von Positiv zu Negativ, von Lust zu Unlust bedeutet. Wir sehen das auch bei anderen FE, die stets exakt funktionierende Mechanismen sind.

Alle Gefühle (Emotionen) werden von spezifischen, psychischen Reizen ausgelöst, welche die EPS »Signale« nennt. In der Tierpsychologie spricht man von Schlüssel-Signalen, weil nach diesem Bild eben nur ein spezieller Schlüssel, in ein Schloß gesteckt, eine dazugehörige Reaktion einschalten und auslösen kann. Im Körper des Menschen gibt es ebenfalls Signale. Hier geben bestimmte Enzyme ein Signal, das wie ein Schlüssel eine ganz bestimmte Funktion auslöst und nach einer bestimmten Spielregel die Automatik des Mechanismus ablaufen läßt. In der Psyche sind ausschließlich Empfindungen, Wahrnehmungen und Vorstellungen Signale und Schlüssel.

Aus dem Funktionsgesetz und den Schlüssel-Signalen sind bereits die Aufgabe und der biologisch-soziale Zweck eines psychischen Mechanismus klar zu erkennen. Der Geltungstrieb soll uns vervollkommen, unsere Leistungen anspornen, ein bewußtes moralisch-soziales Verhalten garantieren. Er sorgt dafür, daß wir unseren Wert stets mit dem Wert unserer Mitmenschen vergleichen, an ihren Äußerungen messen und versuchen, ihn aufrechtzuerhalten oder sogar zu erhöhen.

Schon beim Kleinkind kann man beobachten, wie sehr es sein Tun an der Anerkennung der Erwachsenen mißt und sein künftiges Verhalten danach abstimmt. Die Erziehung über den Geltungstrieb ist sowohl beim Kind als auch beim Erwachsenen wahrscheinlich einflußreicher als jede andere Methode und erzieherische Einwirkung. Was man gute oder schlechte Kinderstube nennt, hängt im wesentlichen davon ab, was in der Familie, in der das Kind aufgewachsen ist, als gut oder schlecht, hochwertig oder minderwertig gewertet wurde.

»Zu den positiven Signalen des Geltungstriebes gehören: Zeichen der Hochschätzung unseres Wertes, Lob, Auszeichnung, gute Noten. Mit einem Orden oder Titel hängt man uns ein festes Werturteil um. Beides sind Dauersignale und damit Dauerspender des Stolzes [1].«

Solche Aufgaben können wir für jede der von der EPS gefundenen 36 FE erkennen. Nur beim Nahrungstrieb und Sexualtrieb hat man bisher die zugehörige Aufgabe gesehen, begriffen und anerkannt.

Dieses Nichterkennen sinnvoller Aufgaben der elementaren Emotionen bzw. der FE, deretwegen sie in der Evolution entstanden sind, führte zur Philosophie des Existenzialismus, die einen Sinn des Lebens leugnet, ja das Leben, das Erleben, die Existenz der Gefühle und das Bewußtsein für etwas Sinnloses hält.

Das Nichterkennen von Elementen und Aufgaben der Psyche verhinderte auch ihre Ordnung. Die EPS bringt Ordnung in das psychologische Denken und in unser Leben.

Professor Lampert schrieb über die EPS: »Die Seele ist kein nebuloses Gebilde mehr, sondern hat, wie der Körper, Organe, die exakt erforscht werden können[2].«

Die EPS kann zeigen:
1. daß unsere Psyche ein Organismus sinnvoll arbeitender elementarer Mechanismen ist;
2. daß der Mensch mit seinem sich irrenden Verstand und mit seinem ihm »progressiv« erscheinenden modernen Denken heute vielfach Unordnung in das von der Natur sinnvoll mit Emotionen gesteuerte und geregelte natürliche Geschehen gebracht hat;
3. daß es möglich ist, Ordnung, Gesundheit, glückhaftes Wohlergehen, Frieden und ein wirklich besseres, ja optimales Verhalten der Menschen zu erreichen, wenn man die Funktionsgesetze und Aufgaben der in unserer Psyche wirksamen Kräfte erkennt und nutzt und so gleichsam mit ihnen und nicht gegen sie wirkt;
4. daß es notwendig ist, unser Wissen, unseren Verstand und die von uns erfundene Technik mit den uns angeborenen, unveränderlichen Instinkten (FE, Mechanismen) unserer Psyche harmonisch in Einklang zu bringen.

Von diesem Einklang sind wir heute weit entfernt. Daher die heute vieldiskutierte »Entfremdung«, die doch nichts anderes ist als ein Nichtangepaßtsein unserer technisierten Umwelt an die uns angeborenen »Elemente« unserer Psyche, von denen wir bisher so wenig wußten.

Nur wenn es uns gelingt, wieder mehr im Strom der natürlichen Kräfte zu schwimmen und unser Verhalten den unveränderbaren Reaktionsweisen unserer Psyche besser anzupassen, wird eine bessere menschliche Zukunft sowie eine Verminderung der Entfremdung möglich.

Die EPS zeigt, was dazu wissenswert ist. Das Studium der EPS ist bereits Psycho-Therapie, weil mit den eigenen Reaktionen auch deren Sinn erkannt wird. Nur wenn der biologisch-soziale Sinn der Reaktionen erkannt ist, können diese zunehmend auf die ihnen eigenen gesunden und vernünftigen Funktionen wieder ausgerichtet werden.

Zielstrebige Mechanismen

Die EPS lehrt, daß alle elementaren Triebe (alle 36 FE) zielstrebige Mechanismen sind. Ihre Zielstrebigkeit liegt in der Struktur, die die Evolution für eine bestimmte Aufgabe entwickelt hat. Um einen Mechanismus handelt es sich, weil stets auf ein bestimmtes Signal eine bestimmte Reaktion erfolgt, ein bestimmtes Geschehen stets in gleicher Weise abläuft, ein bestimmter Vorgang stets von einem Schlüssel-Signal ausgelöst wird. Auch im biologischen Bereich beobachten wir zielstrebige Mechanismen, ja, wird so gut wie alles von solchen bewirkt und gesteuert.

Tierverhaltensforscher und Psychologen diskutieren in letzter Zeit wiederholt darüber, ob es sich bei bestimmten Verhaltensweisen, zum Beispiel bei Aggressionen, um Triebe oder um Reaktionen handelt, ob sie also dem Individuum selbst entstammen oder durch äußere Einflüsse, wie zum Beispiel Frustrationen bewirkt werden.

Dafür, daß Aggressionen nur Reaktionen darstellen, führte Lorenz an, daß Tiere auch ohne typisches Aggressionsobjekt typische Aggressionsbewegungen, gewissermaßen im »Leerlauf«, produzieren. Solche Ausnahmen und ein solches spontanes Ingangkommen eines Triebes sind auch auf andere Weise erklärbar. Auch eine Klingel kann durch Kurzschluß, einen Fehler in der Isolierung oder durch jemanden, der versehentlich auf den Klingelknopf drückt, einmal ohne die spezifische Auslösung läuten. Normalerweise tut sie das nicht. Der Aggressionstrieb kann durch vorausgegangene Frustrationen angeheizt sein. Das im Käfig eingesperrte Tier kann durch die Frustration seines Freiheitstriebes und seines elementaren Bewegungsdranges aggressiv werden. Jugendliche Rowdies können aus Langeweile aggressiv werden, weil ihnen keine andere Tätigkeit mehr einfällt als die, die sie immer wieder im Fernsehen und Kino gesehen haben.

Signal für den Hunger- und Nahrungstrieb ist ein leerer Magen, Signal für den Bewegungsdrang ein energiegefüllter Organismus. Diese scheinbar von selbst in Gang kommenden Mechanismen sind gleichwohl normalerweise ruhende Mechanismen, die erst durch spezifische Signale eingeschaltet werden.

Die EPS lehrt: Jede Emotion, jedes Verhalten, jede Handlung hat zwei Ursachen: die Existenz eines Mechanismus und das auslösende Signal. Die Existenz des zielstrebigen Mechanismus bewirkt die Zielstrebigkeit der Reaktion. Man kann daher für jede Emotion und Reaktion sowie für jedes Verhalten eine zielkausale und eine mechanistisch-kausale Ursache finden.

Die FE der menschlichen Psyche gleichen also im Prinzip den Reflexen und Instinkten der Tiere, doch handelt es sich bei ihnen um höherentwickelte und eigenständige Mechanismen.

Die Reaktion läuft stets und ohne jede Ausnahme gesetzmäßig ab. Nur wer nicht alle FE und ihren Mechanismus (ihre Funktionsgesetze) kennt, glaubt Ausnahmen und nichtgesetzmäßige Abläufe zu sehen.

Die 36 FE der menschlichen Psyche funktionieren im Prinzip nicht anders als der oft zitierte Instinkt der Fasanenküken, die auf das Schlüsselsignal: »Sperber in der Luft« automatisch in ein Gebüsch flüchten. Allein die Wahrnehmung der Gestalt des Sperbers löst diesen Reflex (Mechanismus) und eine genau dazugehörende Handlungsweise aus. Der Schlüssel des Signals muß genau in das Schloß des Mechanismus passen.

Jede FE hat ihre eigenen Schlüssel-Signale. Der EPS ist es in dreißigjähriger Arbeit gelungen, die Schlüssel-Signale für alle 36 FE zu finden und exakt zu definieren. Ein Beispiel: Schlüssel-Signale für die FE »Abwehrtrieb«, der mit dem sogenannten Aggressionstrieb identisch ist, sind Empfindungen, Wahrnehmungen und Vorstellungen:
a) eines Angriffs auf die Person oder die Familie oder Gruppe, mit der sich diese Person identifiziert;
b) eines Angriffs auf das Revier oder den Besitz;
c) einer Störung oder Behinderung (Frustration) des Strebens der Person oder Gruppe, mit der sich diese Person identifiziert.

Nur Wahrnehmungen und Vorstellungen, die diese Schlüsselmerkmale enthalten, wirken auf diesen Trieb und lösen die dazugehörige Emotion Wut (aggressive Gereiztheit, Zorn) und ein aggressives Verhalten aus, das auf die Abwehr und Vernichtung des angreifenden, störenden oder behindernden Objekts gerichtet ist.

Beim Tier wirken vorwiegend körperliche Empfindungen und

Gestaltwahrnehmungen auf seine Instinkte. Auf menschliche FE wirken vor allem Wahrnehmungen und Vorstellungen von Begriffsgestalten. Der Mensch denkt und arbeitet mit Worten und Begriffen. Diese ersetzen weitgehend die Gestalten und andere Signale. Das ändert nichts am gesetzmäßigen Reagieren aller FE, erklärt aber, welche Funktionen der Verstand dabei ausüben kann. Denn da er Vorstellungen aufnimmt, produziert und reproduziert, kann er sie auch als Schlüssel-Signale an die Rezeptoren der elementaren zielstrebigen Mechanismen heranbringen.

Wenn in meinem Bewußtsein die Wahrnehmung oder Vorstellung eines Angriffs auf meine Person oder der Frustration eines wesentlichen Strebens auftaucht, reagiere ich automatisch-instinktiv mit einer mehr oder weniger starken Wut. Was als Vorstellung im Bewußtsein auftaucht und als Schlüssel-Signal wirksam werden kann, ist durch all das bedingt, was ich durch Erziehung, Schule, Lektüre, den Zeitgeist, meine »Bewußtseinsbildung« und eigenes Denken in mein Gedächtnis aufgenommen habe.

Daraus erklärt sich sowohl der Anteil des Instinktiven, als auch des Angelernten und des Verstandesmäßigen am Verhalten. Doch das ändert nichts an der Tatsache gesetzmäßiger, erforschbarer und überschaubarer Reaktionen aller FE der menschlichen Psyche. Die Erkenntnis einer gleichermaßen zielkausalen wie mechanistisch-kausalen Reaktion im Bereich der Psyche kann zu einer Synthese zwischen einer vitalistischen und einer materialistisch-mechanistischen Weltanschauung führen, die bislang Gegensätze waren.

Die Entdeckung der Gefühle

Zu den Gestalten, die sich im Bewußtsein bewegen, gehören vor allem die Emotionen. Sie werden von der EPS Gefühle genannt.

Man kann nur genau beschreiben und objektivieren, was man genau definiert hat. Die bisherige Unerforschbarkeit der Psyche war zum Teil durch unklar abgegrenzte Begriffe bedingt. So galten gerade die Gefühle als etwas so Vages, Unbestimmtes, Ungewisses, daß man sie nicht fassen, objektivieren oder gar nach exakten Gesetzen reagieren, auftreten und sich bewegen sehen konnte.

Die EPS hat entdeckt und durch dreißigjährige Differentialdiagnose erhärten können, daß es elementare Gefühle gibt, das heißt, Emotionen, die von anderen verschieden und unableitbar sind, stets als dieselben auftreten, stets durch die gleichen Signale ausgelöst werden und stets im Bewußtsein in gleicher Qualität erscheinen.

Damit hat die EPS psychische Elemente entdeckt, die schon lange gesucht wurden.

Die EPS lehrt, daß jede elementare FE ein oder zwei, meist zwei elementare Gefühle besitzt, mit denen sie arbeitet. Durch die Kraft ihrer elementaren Gefühle ist eine FE ein Trieb.

Die Jahrmillionen lange Instinktsteuerung der höheren Tiere und der Menschen erfolgte durch diese elementaren Gefühle. Bei höheren Tieren läßt sich dies nur an einem Verhalten erschließen, das menschlichem Triebverhalten ähnlich ist. Menschen erleben ihre Gefühle in ihrem Bewußtsein. Sie können darüber berichten, und sie haben seit fünf Jahrtausenden etwas darüber berichtet.

Die meisten FE arbeiten mit zwei Gefühlen, einem verlockenden Lustgefühl und einem quälenden, treibenden Unlustgefühl. Die EPS fand etwa siebzig elementare Gefühle.

Die EPS behauptet, daß nur diese siebzig elementaren Gefühle als elementare Gefühle zu bezeichnen sind. Alles, was heute außerdem noch als Gefühl bezeichnet wird, ist etwas anderes, meist eine unklare, vage Vorstellung oder ein Bewußtseinserlebnis, das sowohl elementare Gefühle als auch Empfindungen, Wahrnehmungen und Vorstellungen enthält.

Durch die Festlegung und Begriffsbestimmung der EPS wird eine Klarheit erreicht, die noch von keiner anderen Psychologie erreicht wurde. Die EPS definiert: Die Psyche ist das Organ im Menschen, das mit dem Phänomen Bewußtsein arbeitet. Bewußtseinsinhalte sind ausschließlich: Empfindungen, Wahrnehmungen, Vorstellungen und Gefühle. Empfindungen sind Sinneseindrücke des Geschmackes, des Geruches und der Haut, welche einen Tastsinn, einen Wärme-Kältesinn usw. besitzt. Wahrnehmungen sind die Sinneseindrücke des Sehens und Hörens.

Die Psychologie fand, daß wir nicht die einzelnen Lichtpunkte oder Schallwellen wahrnehmen, sondern »Gestalten«, in welchen unsere Sinneszentren das Zusammengehörige bereits sinnvoll zusammenfassen. So sehen wir Menschen, Tiere, Bäume und nicht Farbflecke in verschiedenen Formen. Die meisten Wahrnehmungen werden heute durch die Sprache oder die Schrift vermittelt, weil die Menschen hauptsächlich durch diese aufeinander einzuwirken versuchen. Wir erleben und verarbeiten Worte und Begriffe, nicht Silben und Buchstaben. Worte und Begriffe sind die Gestalten unserer Sprache. Sie sind Ersatz und Werkzeug zur rationellen Zusammenfassung der Gestalten unserer Welt.

Vorstellungen sind das, was aus dem Gedächtnis in das Bewußtsein reproduziert wird oder was durch den Denkprozeß kombiniert in das Bewußtsein tritt. Die meisten Vorstellungen sind Vorstellungen in den Begriffen unserer Sprache.

Gefühle sind ausschließlich die elementaren Unlust- und Lustgefühle der 36 elementaren FE (der Triebe und zielstrebigen Mechanismen).

Es gibt Mischgefühle, die aus mehreren elementaren Gefühlen zusammengesetzt sind. Sie treten auf, wenn mehrere FE gleichzeitig aktiviert (gereizt) werden.

Diese klaren und eindeutigen Definitionen der EPS stehen in keinem Widerspruch zu anerkannten und eindeutigen Erkenntnissen der Psychologie und der Medizin. Andere Bewußtseins-Inhalte als die genannten gibt es nicht. Was oft unexakt oder außerhalb dieser eindeutigen Definitionen als »Gefühl« oder »Empfindung« bezeichnet wird, sind unklare Vorstellungen wie »es kommt mir vor, als ob...«, »ich ahne, daß...«, oder Mischungen aus Gefühlen, Vorstellungen und Empfindungen.

Elementare Gefühle (Emotionen) sind zum Beispiel: Liebe (Sympathie, Zuneigung), Haß, Sehnsucht, Wut, Ekel, Neid, Schadenfreude, Langeweile, Stolz, Scham, Zufriedenheit, Unzufriedenheit, Heiterkeit, Depression, Angst.

Diese elementaren Gefühle werden durch ganz bestimmte (spezifische) Schlüssel-Signale hervorgerufen, die den dazugehörigen Trieben (FE) etwas Bestimmtes bedeuten. Jedes elementare Gefühl hat seine eigenen Signale. Spezifische Signale sind ausschließlich Empfindungen, Wahrnehmungen und Vorstellungen. Die Schlüssel müssen die Gestalt der spezifischen Signale haben.

Die EPS ist in der Lage, für alle elementaren Gefühle die zugehörigen Signale exakt zu beschreiben.

Als Beispiel der Abwehrtrieb: Das Gefühl Wut wird von Empfindungen, Wahrnehmungen und Vorstellungen ausgelöst, die einen Angriff auf die Person (Revier usw.) oder eine Störung oder Behinderung (Frustration) des Strebens bedeuten.

Wut und das von diesem Gefühl ausgelöste aggressive Verhalten sind Bestandteile der FE »Abwehrtrieb«. Gereiztheit, Ärger und Zorn sind nur weitere Worte für besondere Formen der Wut, die sich auf deren Stärkegrad und deren Mischung mit anderen Gefühlen oder Vorstellungen beziehen.

Die EPS nennt und definiert die elementaren Gefühle und kann bei Mischgefühlen sagen, aus welchen elementaren Gefühlen sie zusammengesetzt sind (Methode der Differentialdiagnose). So ist zum Beispiel Zorn aus Wut und Haß zusammengesetzt. Ärger enthält meist Wut, kann jedoch unter Umständen auch noch andere Unlustgefühle enthalten. Gereiztheit ist eine schwache Wut. Gereiztheit kann auch eine Stimmung unterschwelliger, vorgereizter Wut sein, die nur schwacher, weiterer Signale bedarf, um zur Wutreaktion zu werden. Ferner kann Gereiztheit eine nervöse Veranlagung sein, bei der der Schwellenwert zu Wut-(Ärger-)Reaktionen sehr niedrig ist. So veranlagte Menschen sprechen häufig in gereiztem Ton, beißen die Zähne aufeinander oder zeigen sonstige Anzeichen von Abwehr oder Aggression bei geringstem Anlaß. Die EPS bemüht sich, stets Stimmungen, Mischgefühle usw. genau auseinanderzuhalten und die elementaren Gefühle davon abzugrenzen.

Nur die elementaren Gefühle sind Elemente des Bewußtseins. Nur sie sind feste, immer wieder gleiche Bestandteile. Alle anderen Bewußtseins-Inhalte wechseln und vergehen. Empfindungen sind variationsreich, Wahrnehmungen spiegeln die Welt in ihrem Wechsel, Vorstellungen sind, meist in Begriffen gruppiert, sehr mannigfaltig.

Die elementaren Gefühle sind sowohl in ihrer Zahl als auch qualitativ festgelegt, angeboren, unveränderlich, nur in ihrer Stärke verschieden. So gibt es eine schwache und eine starke

Wut. Wut ist jedoch Wut und nicht Ekel, Angst, Wollust oder Hunger. Gefühle sind mit gleichen Bewußtseins-Inhalten identische, von anderen verschiedene, nicht mehr weiter differenzierbare, stets auf gleiche Signale antwortende und in gleicher Qualität auftretende psychische Elemente. Sie sind deshalb die einzigen Elemente des Bewußtseins.

Die EPS fand diese Elemente und dazu noch folgende Lehrsätze:
– Alles Angenehme oder Unangenehme auf der Welt besteht in Gefühlen.
– Alle Dinge, Güter, Geschehnisse, Personen, begehrenswerte Objekte, Taten oder Zustände haben für uns Menschen jeweils nur so viel Wert und Bedeutung, als sie auslösende Signale für die angenehmen oder unangenehmen Gefühle sind.
– Die Gefühle erst lassen uns die Dinge werten, schätzen, begehren oder ablehnen.
– In den Gefühlen liegt die Kraft der Triebe, die Antriebskraft des Wollens, Begehrens, Wünschens und auch Handelns.
– Jedes elementare Gefühl hat eine eigene Aufgabe für das Leben.

Mit diesen Sätzen beschreibt die EPS die enorme Bedeutung der Gefühle, von deren Wesen die bisherigen Psychologien so wenig wußten.

Das bisherige Wissen der Emotions-Psychologie

Die EPS ist vor allem eine Emotions-Psychologie. Sie beschreibt die von ihr erkannten elementaren Gefühle (Emotionen) und die sie auslösenden Signale.

Einen guten Überblick über den Stand des bisherigen (1973) Wissens über die Emotionen zeigen drei Bücher: Friedrich Grossart: »Gefühl und Strebung«[3], S. Strasser: »Das Gemüt, Grundgedanken zu einer Phänomenologischen Philosophie und Theorie des menschlichen Gefühlslebens«[4] und Ernst Heinrich Bottenberg: »Emotionspsychologie«[5].

Bottenberg hat mit über 750 Quellenangaben und Zitaten in fast unvorstellbarer Kleinarbeit so gut wie alles zusammengetragen und systematisch geordnet, was man außerhalb der EPS über die Emotionen wußte, was darüber also bisher das Weltwissen ausmachte. Hier soll aus seinem Werk nur kurz zitiert werden, was die wissenschaftliche Erfassung der Emotionen so schwierig machte:

»Allgemein wird die Schwierigkeit hervorgehoben, feste, eindeutige Anhaltspunkte zur Bezeichnung emotionaler Vorgänge auszumachen und zu markieren, da Gefühle als überaus mannigfaltige, labile und flüchtige Erscheinungen aufkommen und sich in dieser proteischen Weise dem definitorischen Zugriff entziehen. Dadurch aber geraten sie in Gefahr, als eine wissenschaftliche Residualkategorie für psychische Imponderabilien schlechthin zu fungieren, die den heterogensten Bereichen angehören mögen, was insgesamt eine Definition von ›Emotionalem‹ noch weiter erschwert.«

»... die Welt der Gefühle – spottet sie nicht aller Versuche, sie zu ordnen und nur zu begrenzen? In der Sprache wird das Verschiedenste und Heterogenste ›Fühlen‹ genannt... Was nur immer schwer zu benennen ist, was auf andere Weise sich nicht recht fassen läßt, ist man geneigt, mit jenem Ausdruck zu belegen. Gibt es überhaupt etwas Gemeinsames der Erscheinung oder der Funktion, das den Namen ›emotional‹ positiv erforderte und ihn zur Bedeutung eines identischen Begriffs erhöhe?«

»Zu den Hauptmerkmalen der Gefühle gehört ihr fließender, oft flüchtiger Charakter. Für eine genaue Beobachtung ergeben sich ständige Wandlungen bezüglich ihrer Identität, Qualität, Deutlichkeit... streng genommen hat sich ihr Zustand dann, wenn wir ihn festhalten wollen, schon wieder gewandelt, so daß ein wirklich adäquates Erfassen unmöglich erscheint.«

»Sie sind so flüchtig und in ihren Konturen so verschwommen, daß sich ihrer Beschreibung erhebliche Schwierigkeiten entgegenstellen... Überall da, wo uns etwas unklar ist, stellt sich der Begriff des Gefühls ein, offenbar ein Zeichen dafür, daß das Gefühl selbst etwas begrifflich schwer Fassbares ist.«

»Die Untersuchung des menschlichen Gefühlslebens bereitet außerordentlich große Schwierigkeiten. Kein anderer Bereich des seelischen Geschehens weist so viele verschiedene Arten, Nuancen und Stärkegrade auf wie das Gefühl ...«

»Es liegen vielerlei Versuche vor, das Gefühl zu definieren; ... keinem von ihnen ist (es) gelungen, obwohl man den ganzen Apparat wissenschaftlicher Begriffsbildung aufbot.«

»Die Gefühlspsychologie befindet sich trotz zahlreicher Bemühungen führender Psychologen in einem fast chaotischen Zustand ... noch ist kein sicheres Fundament gelegt, das die Mauern eines wissenschaftlichen Aufbaues tragen könnte; nicht einmal eine unangefochtene Abgrenzung des Baugeländes ist erreicht.«

»Die Psychologie des Gefühlslebens spielt in der modernen Psychologie eine ziemlich nebengeordnete Rolle.«

»Die Frage, was ein Gefühl sei, vor 80 Jahren gestellt, ist bis heute aktuell und unbeantwortet.«

»Der sehr unvollkommene Status der Gefühlsforschung wird weiter dadurch aufgedeckt, daß über die letzten Jahrzehnte ein Erkenntnisfortschritt kaum sichtbar wird.«

Soweit Bottenberg über Schwierigkeiten der bisherigen Emotionspsychologie. Dagegen kann die EPS eine exakte Gefühlslehre liefern, kann angeben, welche Gefühle es gibt, wozu sie da sind, wie sie reagieren, nach welchen Gesetzen sie auftreten und welche wichtige Rolle sie im Leben des einzelnen und unserer Gesellschaft spielen. Sie kann zeigen, daß sie die wichtigste Rolle im psychischen Leben spielen.

Jeder, der die EPS studiert oder über bisher publizierte Erkenntnisse aus dieser Wissenschaft[6] liest, sollte die drei genannten Bücher, vor allem Bottenbergs »Emotions-Psychologie« durchsehen, um einen Begriff davon zu erhalten, was und wieviel Neues die EPS zu diesem Thema aussagen kann.

Die Wahrheit der Elementar-Psychologie

Wie weit sind die Lehrsätze der EPS beweisbar?

Wahrheit ist Übereinstimmung mit der Wirklichkeit. Welche Beweise gibt es, daß das in der EPS Ausgesagte mit der Wirklichkeit übereinstimmt?

Als Beweise der Wahrheit der Lehrsätze werden angeboten: Die Lehrsätze konnten bisher nicht widerlegt werden. Sie stoßen auf keinen wissenschaftlichen Widerspruch.

Jedermann, Psychologen und Versuchspersonen, können die von der EPS genannten elementaren Gefühle in ihrem Bewußtsein selbst immer wieder erleben.

Jedermann, aber vor allem Psychologen können feststellen, daß die gleichen Gefühle stets, immer wieder und nur von den gleichen von der EPS genannten Schlüssel-Signalen verursacht werden.

Wenn ein Phänomen, hier ein elementares Gefühl, immer wieder und sogar ohne Ausnahme, durch gleiche Ursachen ausgelöst wird, kann man das Auftreten gesetzmäßig nennen, also von einem Gesetz, ja von einem Naturgesetz sprechen.

Die von der EPS gezeigten Gesetze sind durch das wiederholbare, tausendfache, millionenfache Experiment des täglichen Erlebens und Nie-anders-Erlebens beweisbar.

Die elementar-psychologischen Gesetze erweisen sich als exakter als die meisten in der Biologie beschriebenen Gesetze.

Das bisher in der EPS Ausgesagte soll nur als Skizze einer neuen Psychologie aufgefaßt werden, als ein erster kurzer Grundriß einer neuen Wissenschaft. Es ist daher durchaus möglich, ja wahrscheinlich, daß noch Korrekturen vorgenommen werden müssen. Der Verfasser glaubt jedoch, daß das bisher in dieser Arbeit und in dem umfassenden Buch »Die Gefühle«[7] Dargelegte der unumstößlichen Wahrheit schon sehr nahekommt, zumal es bereits dreißig Jahre lang mit den übrigen psychologischen und einschlägigen medizinischen Erkenntnissen verglichen wurde.

Die Leser dieser Arbeit werden gebeten, zuerst einmal die Aussagen der EPS als Wahrheiten hinzunehmen und nicht dies oder jenes, was mit bisherigen psychologischen Anschauungen in Widerspruch zu stehen scheint, von vornherein in Zweifel zu ziehen. Die Leser werden gebeten, darüber zu urteilen, ob die Psyche in der täglichen Wirklichkeit so funktioniert, wie es die EPS schildert oder nicht und ob die EPS nicht vieles besser, einfacher und exakter als frühere Psychologien erklären kann.

Die EPS will die Lehre von der gesunden und normalen Psyche, nicht aber eine Psychopathologie sein. Mehr als 90 Prozent der Psychen reagieren normal. Selbst kranke Psychen reagieren noch zu mehr als 90 Prozent normal. Die EPS ist daher eine Art Physiologie der Psyche. Sie beschreibt was in 99 Prozent der psychischen Reaktionen vor sich geht, und sie behauptet: Auch das Anomale und Krankhafte kann man besser verstehen, wenn man zuerst weiß, was eine normale Funktion ist.

Manche bisherige Psychologie hat sich nach der Ansicht des Verfassers zu viel um pathologische und zu wenig um normale Reaktionen gekümmert, ja sogar pathologische oder entartete Reaktionen als normale dargestellt.

36 Wirk-Elemente der Psyche

Die elementaren Gefühle sind Elemente des Bewußtseins. Sie können mit den Elementen der Chemie verglichen werden. Eine andere Art Elemente sind die FE. Ihnen sind die elementaren Gefühle zugeordnet. Sie sind zielstrebige Mechanismen, einzelne in sich abgeschlossene Apparate mit eigenen Aufgaben, die mit ihren zugehörigen elementaren Gefühlen arbeiten und auf eigene Schlüssel-Signale reagieren. Jede FE ist exakt gegen andere FE abgrenzbar und exakt beschreibbar. Wir können sie Wirk-Elemente der Psyche nennen. »Organe der Seele (Psyche)« ist ebenfalls eine treffende Bezeichnung für sie.

Da die EPS sowohl im Bewußtsein Elemente fand als auch Wirk-Elemente der Psyche, wurde dieser Wissenschaft der Name »Elementar-Psychologie« gegeben. Auch paßt diese Bezeichnung deshalb, weil diese Psychologie die elementare Grundstruktur für eine umfassendere Gesamt-Psychologie abgeben kann. Was bisher erarbeitet wurde, ist vorerst vor allem eine Emotions-Psychologie.

Die EPS konnte 36 Wirk-Elemente finden. Der Nahrungstrieb, der Sexualtrieb, der Abwehrtrieb, der Geltungstrieb wurden in den ersten Kapiteln schon genannt. Alle übrigen werden in den folgenden beschrieben.

Die Trieblehre der EPS steht im Gegensatz zu Freuds Zweitrieblehre. Freud und seine Anhänger leiten alle psychische Aktivität vom Sexualtrieb und einem Todestrieb ab, der gleichzei-

tig Aggressionstrieb ist.
Welcher Wirrwarr aus der Freudschen Sexualtrieb-Libido-Theorie entstand, ist bekannt. Die Meinung, alle Aktivität und Stimulierung müsse dem Aggressionstrieb zugeschrieben werden, hat ebenfalls sehr viel Verwirrung, sogar schon mit politischen, gesellschaftspolitischen und kulturellen Folgen gebracht.
Die EPS fand vor allem auch »höhere« Triebe und FE, Wirk-Elemente, die höhere, nichtegoistische, soziale regulierende Aufgaben haben und höhere Werte begehren. Auch sie sind den Menschen angeboren. Zu diesen gehören unter anderem ein ästhetischer Sinn, das Gewissen, die Gefühle der Achtung und Verachtung, ein elementarer Sinn für Gerechtigkeit, Leistungstriebe sowie auch die Wirk-Elemente und zielstrebigen Mechanismen Logik und Vernunft. Jede dieser FE hat ihr eigenes Funktionsgesetz.
Die meisten FE können von der EPS bereits exakt beschrieben werden. Einige FE können möglicherweise noch gefunden oder anders abgegrenzt werden. Im großen und ganzen jedoch steht der Rohbau des EPS-Gebäudes und Grundriß dieser Wissenschaft.
Alle Psychologen können diesen für ihre weitere psychologische Forschung und für spezielle Zweige der Psychologie, wie für die Leistungspsychologie, die Psychagogik, die politische Psychologie, die Werbepsychologie und eine neue Psychotherapie benutzen.
Selbst wenn einige Lehrsätze der EPS noch korrigiert werden müßten, bietet die derzeitige EPS eine Vielzahl neuer Erkenntnisse an, die neue psychologische Folgerungen ermöglichen.
Im folgenden werden alle von der EPS gefundenen FE beschrieben. Bei jeder FE werden die biologisch-soziale Aufgabe, die elementaren Gefühle und die spezifischen Schlüssel-Signale genannt.
Schwierigkeiten bereitete des öfteren die Begriffsbestimmung. Die Worte der deutschen Sprache und das bisherige psychologische Vokabular stimmten nicht immer exakt mit den gefundenen Elementen überein. Für einige elementare Gefühle existierten mehrere Worte, für andere gibt es überhaupt noch kein Wort. Sie sind bislang namenlos geblieben. Es ist möglich,

daß andere Sprachen für diese Gefühle eine Bezeichnung besitzen.

Wie verwirrend unsere Sprache sein kann, sehen wir unter anderem am Begriff »Liebe«. Verschiedene Menschen stellen sich darunter ganz Verschiedenes vor; der eine die sexuelle Vereinigung, ein zweiter ein Gefühl der Zuneigung (Sympathie), ein dritter Nächstenliebe. Auch das Wort Scham kann verschiedene Bedeutung haben. Es kann darunter das unlustvolle Gegengefühl zum lustvollen Stolz des Geltungstriebes verstanden werden. Als Scham wird jedoch auch ein prüdes Verhalten, die natürliche Scheu davor, seine Sexualorgane zu zeigen, bezeichnet, und schließlich wird ein bestimmter Körperteil so benannt. Bei dem Wort »Stolz« kennt die Sprache keinen Unterschied zwischen einem Stolz als Lustgefühl bei guter Leistung und einem arroganten Verhalten. Die Folge davon war: daß auch das zum Geltungstrieb gehörige natürliche und richtige Gefühl des Stolzes gerne diskriminiert wird. Die Reihe der Beispiele könnte noch lange fortgesetzt werden.

Die EPS mußte daher zu einem guten Teil neue Definitionen (Begriffsbestimmungen) festlegen. Nur genaue Begriffsbestimmungen ermöglichen ein sorgfältiges wissenschaftliches Denken. Der Leser wird gebeten, bei der Beurteilung der EPS mit deren Begriffen zu denken.

Der Schmerzfluchttrieb (FE 1)

Zu den ersten Urtrieben höherer Lebewesen gehört der Schmerzfluchttrieb. Die Natur mußte Lebewesen mit irgend einem Mechanismus davor schützen, sich verletzenden oder sonst den Körper schädigenden Situationen auszusetzen. Sie erfand dazu den Schmerz.

Der Schmerz, eine Unlust, die äußerst intensiv sein kann, soll verhindern, daß der Mensch seine Hand über ein Feuer oder in einen heißen Kochtopf hält, sich ein zweites Mal mit dem Hammer auf den Finger schlägt, ein gebrochenes Bein bewegt usw. usw.

Für den Schmerz wurden eigene Rezeptoren geschaffen. Wir

besitzen ein eigenes Nervensystem mit Schmerzrezeptoren in der Haut. Signal und Gefühl verschmelzen zumeist (nicht immer) zu einem Erleben, weil sie gleichzeitig im Bewußtsein erscheinen. Am Schmerz kann man gut erkennen, was die Natur mit einer Unlust erreichen will. Ein unangenehmes Gefühl soll uns von etwas wegdrängen.

Der Schmerz ist ein Gefühl, weil es 1. die Lust-Unlust-Eigenschaft hat, 2. eine Aufgabe erkennen läßt, 3. im Bewußtsein erlebt wird, 4. bei der Motivation zum Handeln eine Rolle spielen kann, 5. von einem bestimmten Signal, der Reizung der Schmerzrezeptoren, ausgelöst wird. Diese fünf Eigenschaften sind Kriterien eines jeden echten elementaren Gefühls.

Der Nahrungstrieb (FE 2)

Daß der Nahrungstrieb eine Aufgabe hat, weiß jedermann. Der Nahrungstrieb soll der Ernährung dienen und diente ihr, lange bevor der Mensch und seine Vorfahren wußten, daß Nahrung zum Leben notwendig ist. Seit dieser Zeit jedoch ist uns der Nahrungstrieb so gut wie unverändert erhalten geblieben.

Der Mechanismus dieser FE ist einfach. Gewisse Empfindungen im leeren Magen (Hungerkonzentrationen) sind Signale für das Auftreten des Gefühles »Hunger«, das ein Essen-Wollen verursacht. Das Triebziel ist die Nahrungsaufnahme.

Der Nahrungstrieb arbeitet bereits mit zwei Gefühlen, einer Unlust und einer Lust. Während der Hunger unangenehm bis quälend werden kann und dazu drängt, ihn abzustellen und den Magen zu füllen, wird das Essen selbst mit einem angenehmen Lustgefühl des Appetits belohnt. Diese Essenslust kann zum Essen verlocken.

Wünscht man sich guten Appetit, so wünscht man sich einen Genuß, eine elementare Lust, das Lustgefühl des Nahrungstriebes. Signale für diese Lust sind Empfindungen, Wahrnehmungen und Vorstellungen des Essens.

Auch der Nahrungstrieb ist noch so »körpernah«, daß bei ihm Empfindungen und Gefühle zumeist – doch nicht immer – zu einem einzigen Erleben verschmelzen.

Der Nahrungstrieb hat noch einen Nebentrieb, der sich eindeutig von ihm unterscheidet und auch eine andere Aufgabe hat. Bei ihm werden Gefühl und Empfindung in einem erlebt. Weil es viele Empfindungsvariationen gibt, erscheint die Lust dieses Triebes in vielfältiger Weise. Es ist eine Lust des Wohlgeschmacks, die sich mit der Lust des Appetits zu einem Misch-Erleben vereint. Die Unlust dieses Nebentriebes ist ein Mißgeschmack.

Dieser Nebentrieb ist ein Nahrungsauswahltrieb (FE 2 a). Seine Aufgabe ist: Brauchbare Nahrung zu wählen sowie Giftstoffe und Unbrauchbares meiden zu lassen. Diese sinnvolle Auswahl trifft dieser Trieb instinktiv-automatisch. Signale sind sowohl für die Lust als auch für die Unlust bestimmte Empfindungen des Geschmacks- und des Geruchs-Sinnes.

Daß dieser Trieb vom Nahrungstrieb verschieden ist, geht sowohl aus der anderen Aufgabe als auch aus der elementar anderen Unlust hervor. Hunger ist nicht Mißgeschmack. Mißgeschmack ist jedoch ein Gefühl, bei dem alle Kriterien eines solchen vorhanden sind. Es wird als unangenehm erlebt, Wohlgeschmack als angenehm. Das eine wird hochgewertet, das andere ist ein Unwert. Daß nicht immer alles Wohlschmeckende gesund und alles Schlechtschmeckende Gift ist, liegt daran, daß unsere primitiven und bereits Jahrtausende alten Triebe dem modernen Leben nicht mehr voll angepaßt sind. Auch haben wir unseren Geschmack teilweise in bestimmten Richtungen geübt und umerzogen. Durch Suggestionen werden Worte des Wohlgeschmacks mit bestimmten Geschmacksempfindungen assoziativ verbunden. Darum schmeckt uns z. B. erst nach einer gewissen Gewöhnung bitterer Kaffee.

Vergleichen wir mit den Ausführungen der EPS, was über den Hunger und Nahrungstrieb in einem großen Lexikon der Psychologie[8] geschrieben steht! »Hunger wird normalerweise auf das Verlangen zu essen bezogen, wird aber auch im metaphorischen Sinne verwandt für Sehnen nach irgend etwas. Hungertrieb ist ein hypothetischer Zustand, der operational vermittels Nahrungsentzuges definiert wird, der sowohl die allgemeine Aktivität steigern soll wie auch spezifisches Nahrungssuchverhalten. Hungerschmerz: Unangenehme Empfindungen im Magen, die mit dem Drang nach Nahrung assoziiert sind.«

Der Durst (FE 3)

Auch der Durst ist ein elementarer Trieb und von anderen Trieben exakt abtrennbar. Man kann diese FE Trinktrieb nennen. Auch er hat eigene Gefühle, eigene Signale und eine eigene Aufgabe. Diese ist: den Körper mit dem für das Leben notwendigen Wasser zu versorgen.

Das elementare Unlustgefühl dieses Triebes ist der Durst.

Das elementare Lustgefühl dieses Triebes hat merkwürdigerweise in der deutschen Sprache noch keinen Namen erhalten, obwohl diese spezifische und mit keinem anderen Lustgefühl identische oder verwechselbare Lust allbekannt ist und von Millionen genossen wird. Man erlebt sie beim Durstlöschen und Trinken von Wasser, Bier, Wein, Limonade usw.

Die Lust des Trinkens kann mit der Gefühlsempfindung des Wohlgeschmacks zu einem Erleben verschmelzen. Kommt noch dazu, was der Alkohol an Wohlgefühlen bietet, so haben wir das vor uns, was der »Trinker« so sehr begehrt. Darin sind durch Enthemmung auch höhere Lüste enthalten, wie zum Beispiel Machtgefühle.

Signale für den Durst sind gewisse Empfindungen des Ausgetrocknetseins im Mund und Rachen.

Signale für die elementare unbenannte Lust dieses Triebes sind Empfindungen, die beim Trinken, vor allem bei Durst, entstehen. Auch bei diesem noch körpernahen Trieb werden Empfindungen und Gefühle meist als eine gemischte Einheit erlebt.

Der Ekel (FE 4)

Wenn wir mit den Händen in eine klebrige Masse fassen, wenn wir im Essen Würmer finden, wenn wir eine Eiterwunde sehen oder gar riechen, dann ist uns das unangenehm, eklig, dann erleben wir das spezifisch unlustvoll. Diese Empfindungen, Wahrnehmungen und Vorstellungen lassen Ekel fühlen. Das elementare, unlustvolle, unangenehme Gefühl »Ekel« hat, wie der Trieb, der mit diesem Gefühl arbeitet, eine Aufgabe. Der Ekel gehört zum Reinlichkeitstrieb. Schmutz, insbesondere Bakterien, Mikroben, Ungeziefer, Reptilien sollen von der Haut, vom Munde, vom Körper überhaupt ferngehalten werden. Die Signale für das elementare Unlustgefühl des Ekels sind Empfindungen, Wahrnehmungen, Vorstellungen von allem Schleimigen, Schmierigen, Klebrigen, Krabbelnden, Kriechenden, von Schmutz, Eiter, Kot, Speichel, Hautausschlägen und ähnlichem. Auch dieser Trieb besitzt noch Überbleibsel aus der Instinktzeit, in der alles noch reflektorisch, ohne Mitwirkung des bewußten Willens vor sich ging. Die Reflexe des Ekeltriebes lassen uns vor Ekel schütteln, unseren Mund zusammenpressen, ja sie erzeugen manchmal sogar Übelkeit und Brechreiz, wenn wir »Ekliges« sehen. Das Schütteln deutet ein Abschütteln, das Zusammenpressen des Mundes ein Sichverschließen an, der Brechreiz soll dem Wiederausspucken dienen.

Es ist interessant, daß dieser Trieb beim Menschen auch in einem gewissen übertragenen Sinn wirken kann. Das hat seine Ursache in der assoziativen Koppelung zwischen den Signalen des Ekels und gleichlautenden Bezeichnungen. So können auch in diesem übertragenen Sinne Vorstellungen des Kriechenden, Schmierigen, Klebrigen das Gefühl des Ekels erzeugen. Auch sie können mit den körperlichen Begleitsymptomen des Sichschüttelns und der Übelkeit verbunden sein.

Um uns reinlich zu erhalten, verekelt uns dieser Trieb das Unreine durch eine vom Unreinen wegdrängende Unlust. Der Ekel ist ein elementares Gefühl, eine mit keinem anderen Gefühl identische oder verwechselbare Emotion.

Im Lexikon der Psychologie[9] ist der Ekel ebensowenig vermerkt, wie in Bottenbergs umfangreicher »Emotions-Psychologie«[10], im »Wörterbuch der Psychologie«[11] oder im »Großen Duden Lexikon«[12].

Der Ekel gehört zu den festen, den Menschen angeborenen, immer wieder auftauchenden Elementen des Bewußtseins. Auch bei der Motivation spielt er eine Rolle, gleichberechtigt mit anderen elementaren Gefühlen.

Die Angst (FE 5)

Das Gefühl Angst ist die elementare Unlust des Gefahrfluchttriebes. Der Gefahrfluchttrieb, der auch bei den meisten Tieren, besonders den Fluchttieren beobachtet wird, ist ein einfach durchschaubarer und recht sinnvoll funktionierender Mechanismus.

Dieser Trieb hat mit seinem zielstrebigen Mechanismus die Aufgabe, uns vor gefährlichen, unser Leben, unseren Besitz und die Erfüllung unseres Strebens bedrohenden Situationen, Orten, Personen, Tieren usw. fliehen zu lassen. Der Aufenthalt bei solchen Objekten wird uns unangenehm gemacht, damit wir sie verlassen oder uns vor ihnen schützen.

Signale für das Gefühl der Angst sind Empfindungen, Wahrnehmungen und Vorstellungen der Bedrohung unseres Lebens und Wohlergehens sowie einer Bedrohung mit Schmerz. Die »Bedrohung des Lebens« umfaßt die Bedrohung des Körpers, der Familie, des Glücks, der ganzen Existenz mit dem Besitz und dem bislang erreichten Erfolg.

Auch die Angst arbeitet noch mit Urreflexen. Pulsbeschleunigung und Herzklopfen bedeuten: auf zu schneller Flucht! Blaßwerden treibt das Blut aus der Haut in die Muskeln. Das hat den Sinn, den Körper bei möglichen Verletzungen der Haut vor stärkeren Blutungen zu bewahren und gleichzeitig den Muskeln der Beine die nötige Kraft zur Flucht zu verleihen.

Das Blaß-, Ohnmächtig-, Schwach-werden bei Angst kann außerdem auf einen noch älteren Urreflex zurückgeführt werden, den sogenannten Totstellreflex. Durch ihn sollte verhindert werden, Jagdbeute eines Feindes zu werden. Wenn es heute noch möglich ist, »schwach in den Knien« oder »vor Schrecken gelähmt« zu werden oder vor Angst in Ohnmacht zu fallen, so ist dies wahrscheinlich auf diesen Totstellreflex zurückzuführen. Das erst auf späterer Entwicklungsstufe dazugekommene Denken und Wollen des Menschen vermag oft sehr wenig gegen solche Atavismen auszurichten.

Schreck ist eine plötzlich aktivierte Angst. Plötzlich einsetzende starke Angst, die wir auch »Schreck« oder »Erschrecken« nennen, kann durch solche körperlichen Auswirkungen sogar töten.

Die psychologische Literatur unterscheidet Angst und Furcht. Im »Lexikon der Psychologie«[13] lesen wir u. a.: »Angst ist ein Erleben sich verändernder Ungewißheit, Erregung und Furcht. ...Freud betrachtete die Angst als eine Folge unterdrückter sexueller Spannungen... Furcht ist ein angsthafter Gefühlszustand, der durch eine gegenwärtige oder vorgestellte vermeintliche oder tatsächliche Bedrohung bedingt ist.«

Die EPS ist der Ansicht, daß Angst und Furcht dasselbe elementare Gefühl sind. Der einzige Unterschied besteht darin, daß man bei der sogenannten Furcht das drohende Objekt erkennt, während man bei der Angst nur unklare Vorstellungen von diesem hat.

Ärzte und Psychiater wissen, daß Angst auch von gewissen Schmerzempfindungen des Herzens ausgelöst oder krankhaft ohne Objekt entstehen kann. Die Herzangst entsteht durch Signale der Lebensdrohung. Die krankhaft entstandene Angst ist selten. Sie tritt nur bei gewissen Geisteskrankheiten und noch unbekannten Stoffwechselstörungen im Gehirn auf. Sie wird wahrscheinlich auf dem Blutweg übertragen und ins Bewußtsein signalisiert. Sie ist ein Beweis dafür, daß die Gefühle auch eine materielle, chemische Erscheinungsform besitzen. Die EPS will im übrigen die natürlichen, gesunden, normalen und nicht die krankhaften Reaktionen beschreiben. Das bewußte Erleben ist stets auch das Endresultat eines materiellen Ablaufs. Denn alles Psychische, sogar das Auftreten von Vorstellungen aus dem Gedächtnis, wird materiell vorbereitet.

Der Gefahrfluchttrieb hat auch ein Lustgefühl. Wir erleben es, wenn wir das Entkommen aus einer Gefahr wahrnehmen oder eine Gefahr bei eigener Sicherheit erkennen. Dieses Gefühl hat noch keinen Namen erhalten, wird jedoch zum Genuß und zur Unterhaltung des Menschen sogar kultiviert. Wir können es als wohliges Gruseln erleben. Viele erleben es gerne; als Genuß und als etwas Angenehmes bei einem Fernsehkrimi oder Gruselfilm oder auch bei der Lektüre eines Katastrophen- oder Kriegsberichtes.

Der Abwehrtrieb (FE 6)

Fast alles, was die verschiedenen Psychologien einem Aggressionstrieb des Menschen zuschreiben, rechnet die EPS einem elementaren Abwehrtrieb zu. Auch dessen Mechanismus kann einfach und eindeutig beschrieben werden.

Das elementare Gefühl des Abwehrtriebes ist die Wut. Verschiedene Stärkegrade und Begleiterlebnisse lassen diese Wut auch als Gereiztheit, Ärger, Mißmut, »Grant« oder Zorn erscheinen. Die Wut ist ein Unlustgefühl, kann jedoch in eine lustvolle, wohltuende, befreiende Wut (z. B. »heiligen Zorn«) umschlagen, wenn sie ausgetobt wird, das heißt, wenn der Trieb sein Ziel erreicht und sein Bedürfnis befriedigt.

Signale für den Abwehrtrieb und das Auftreten des Gefühles Wut sind:

1. Empfindungen (E), Wahrnehmungen (W) und Vorstellungen (V) eines Angriffes auf die betroffene Person, ihre Familie oder die Gruppe, mit der sie sich identifiziert.
2. W und V eines Angriffs auf das Revier und den Besitz der betroffenen Person.
3. W und V einer Störung oder Behinderung (Frustration) des Strebens der betroffenen Person oder Gruppe, mit der sie sich identifiziert.

Zweck, Aufgabe, Ziel dieser FE und ihres zielstrebigen Mechanismus sind die Abwehr und die Beseitigung oder Vernichtung des Objektes, das einen Menschen, sein Leben, sein Streben, sein Revier, seinen Besitz, seine Familie oder Gruppe angreift, behindert, stört.

Die Wut ist von einem aggressiven Verhalten begleitet. Zu ihm zählen auch Atavismen. Zur Abwehr sollten wir angreifen und uns wehren. Daher ballen wir in der Wut die Fäuste und beißen die Zähne zusammen, so daß sie manchmal sogar knirschen. Dazu gesellt sich ein Kampfgeschrei. Im Zorn werden wir instinktiv lauter. Wir brüllen den Gegner an. Das meiste vollbringt der Mensch heutzutage mit Worten. Es ist hochinteressant zu erkennen, daß der Abwehrtrieb den angreifenden Gegner und das behindernde oder störende Objekt nicht nur physisch, sondern auch psychisch mit Worten zu vernichten oder schädigen sucht. Die Schädigung gelingt, wenn wir den Wert des Gegners vernichten. Ausdrücke wie »Idiot«, »Hund« oder »Schwein« werden von uns angewandt, um dies zu bewirken. Da wir gleichzeitig angeregt sind zu brüllen, so kommt es zudem zum Anbrüllen und lauten Beschimpfen. Wir bewerfen in solchen Fällen den Gegner nicht mehr mit Steinen wie zur Urzeit, sondern mit ihn und seinen Wert vernichtenden Worten. Dieser Abwehrtrieb ist mit dem sogenannten Aggressionstrieb identisch, jedoch keineswegs die Ursache aller Aggressionen. Es handelt sich um einen reinen Verteidigungstrieb.

Im Wörterbuch der Psychologie [14] ist Wut nicht zu finden, Ärger ebenfalls nicht; keine Notiz über Ärger auch im Lexikon der Psychologie [15]. Über den Aggressionstrieb und die Aggression gibt es so viel Literatur, daß es unmöglich ist, darauf einzugehen. Die EPS bietet mit der Beschreibung des Mechanismus des elementaren Abwehrtriebes eine einfache und durchschaubare Erklärung für fast alles Aggressionsverhalten an. Jeder Ärger, jede Wut, jede Aggression durch Frustration kann auf Signale, die auf den Abwehrtrieb wirken, zurückgeführt werden.

Aggression durch Frustration

Aggression durch Frustration ist eine spezifische Reaktion des Abwehrtriebes, eine Reaktion auf das Signal: »Behinderung eines Strebens«.

Für diese Reaktion bietet die EPS eine Formel an:

$IG = B \times IStr.$

Die Intensität des Gefühles Wut und damit auch eines aggressiven Verhaltens ist abhängig von der Größe der Behinderung und der Stärke (Intensität) des behinderten Strebens.

Diese Formel sagt aus, daß jede Wut (Ärger) und Aggression durch Frustration zwei Ursachen haben muß: Die Behinderung und ein behindertes Streben.

Frustration wird wirkungslos, wenn das behinderte Streben bei der betreffenden Person gering oder nicht vorhanden ist.

Man kann Aggressionen aktivieren, indem man Vorstellungen von Behinderungen und Vorstellungen eines behinderten Strebens signalisiert. Man kann Wut, Ärger und Aggressionen vermindern, indem man nicht gerade das erstreben will oder läßt, was normalerweise oder häufig behindert wird.

Streben nach Besitz (FE 7)

Wir Menschen besitzen einen uns angeborenen Besitztrieb. Diese Erkenntnis der EPS läßt – wie auch die vom Abwehrtrieb – erhebliche politisch-soziale Schlußfolgerungen zu. Gibt es nämlich einen elementaren, angeborenen Besitztrieb, so ist dieser nicht anerzogen. Er muß, wie man es beim Sexualtrieb verlangt, befriedigt werden und er stellt eine Kraft dar, die zur Leistung eingesetzt, jedoch auch uneingesetzt vergeudet werden kann. Gibt es ihn, so ist der Sozialismus wider die menschliche Natur, und der Mensch braucht wachsendes Eigentum zu seinem psychischen Wohlbefinden.

Die EPS unterscheidet den Wunsch nach höherem Einkommen von dem nach eigenem Besitz. Der Wunsch nach Einkommen wird von vielen verschiedenen Triebkräften und ihren elementaren Bedürfnissen getragen. Geld kann viele Wünsche erfüllen. Daneben jedoch sucht der Mensch primär Besitz.

Die Analyse des elementaren, angeborenen Besitztriebes macht offenkundig, daß er auf Besitz für die Familie und die Nachkommen aus ist. Darin besteht seine elementare biologisch-soziale Aufgabe. Die Entstehung dieses Triebes im Laufe der Evolution läßt sich leicht verständlich machen. Wo immer Tiere einen Vorrat, etwa einen Wintervorrat, sammeln mußten, wurden sie von diesem oder einem ähnlichen Trieb gelenkt; auch dort, wo ein Nest zu bauen oder ein Revier in Besitz zu nehmen war.

Es läßt sich nachweisen, daß der Besitztrieb immer dann geschwächt wird, wenn keine Familie mit Nachkommen vorhanden ist. Dagegen ist selbst ein ausschließliches Vererbenwollen des Besitzes an die Nachkommen noch zu beobachten, wenn diese bereits genug haben und dem Erblasser gegenüber unfreundlich waren. Es »widerstrebt« dem Menschen, an seine Nachkommen nicht Besitz zu vererben.

Freiberufliche arbeiten, allein von diesem Besitztrieb angeregt, weiter, auch wenn sie und ihre Familien bereits ausreichend versorgt sind. Sie folgen ihrem Besitztrieb. Es macht ihnen Freude, weiter zu verdienen. Dabei verzichten sie auf viele Annehmlichkeiten und strengen sich bis ins höchste Alter an.

Ardrey [16] meinte, der Einsatz oder Nichteinsatz des Besitztriebes mache den enormen Unterschied zwischen der amerikanischen und sowjetischen Produktion der Landwirte bzw. in privatwirtschaftlichen und sozialisierten Betrieben aus. In Deutschland könnte der Einsatz des Besitztriebes im Rentenalter, also das, was bei Ärzten, Zahnärzten, Anwälten, Steuerberatern, Architekten, selbständigen Handwerkern wirksam ist, eine enorme Leistungsreserve mobilisieren, wodurch wohl eine Million Gastarbeiter eingespart werden könnte. Damit soll nur angedeutet werden, wie elementar-psychologisches Erkennen psychischer Naturkräfte und psychologischer Naturgesetze psychotechnische Folgerungen und auch, bei entsprechender Kombination, Erfindungen möglich macht.

Der elementare Besitz kann sich vielfältig äußern, z. B. auch als Sammeltrieb in Erscheinung treten. Das elementare Besitzenwollen ist sowohl beim Einkaufen der Touristen, beim Sammeln von Briefmarken und Kunstgegenständen, bei der Habsucht und auch beim Geiz, der vom Besitz nichts mehr hergeben will, zu beobachten. Der Hamster sammelt Nüsse.

Eine drängende Unlust-Emotion können wir beim Habenwollen beobachten. W und V, die uns etwas zeigen, das wir nicht haben, jedoch besitzen wollen, lösen es aus. Diese Emotion hat in der deutschen Sprache noch keinen Namen gefunden. Es ist das Gefühl, das bei der Habgier erlebt wird.

Das elementare Lustgefühl ist besser zu beobachten. Es tritt bei W und V eines vorhandenen Besitzes und vor allem bei der Mehrung des Besitzes (Gewinn) auf. Jeder kennt es. Es ist unmittelbar erlebbar, mit keinem anderen Gefühl identisch und auch von häufigen Begleitgefühlen abtrennbar wie zum Beispiel vom Stolz auf einen Besitz. Dieser ist ebenfalls so etwas wie eine Freude an Besitz, Reichtum, Gewinn, hat jedoch ebenfalls noch keinen Namen erhalten.

Ein Trieb, ein Mechanismus, zwei Gefühle, spezifische Schlüssel-Signale, eine Aufgabe, ein Triebziel lassen erkennen, daß es sich auch hier um eine typische FE handelt.

In der Emotionspsychologie von Bottenberg[17] ist nichts von solchen Emotionen erwähnt, obwohl Besitz eindeutig Lust bereitet und angenehm ist. In psychologischen Lexika wird ein Besitztrieb nicht erwähnt. Da er ohne Zweifel eine Kraft darstellt, die eine enorme wirtschaftliche Bedeutung haben kann, sollten Psychologen diese Kraft einmal genauer untersuchen.

Der Sexualtrieb (FE 8)

Für Freud und alle, die nach seiner Lehre Psychoanalyse und Psychotherapie betreiben, ist der Sexualtrieb der große Grundtrieb der Menschen, von dem alle Libido, alles Wünschen und Begehren ausgeht. Über den Sexualtrieb gibt es unendlich viel Literatur, die man zum Vergleich mit dem heranziehen kann, was die EPS vom Sexualtrieb und anderen elementaren FE der Liebe behauptet.

Für die EPS ist der Sexualtrieb nur dem rein Sexuellen vorbehalten. Dieser Trieb will nichts anderes, als einen Sexualpartner sexuell berühren, begatten und seine Lust erleben. Seine Aufgabe ist eindeutig die Erhaltung der Art. Daß er zur Lustgewinnung manipuliert werden und auch »Liebe« erwecken kann, die nicht zum Sexualtrieb gehört, sagt nichts dagegen aus, daß er an sich nur für seine Spezialaufgabe geschaffen ist und nichts z. B. mit einer Libido zum Briefmarkensammeln zu tun hat, auch nichts mit einer Liebe zu den Eltern, zu Tieren oder Dingen, die man ohne Sexualbegierde lieben kann.

Auch der Sexualtrieb hat zwei Gefühle, eine drängende Sexualbegierde und ein Wollustgefühl. Ein Reiz für den Sexualtrieb ist die Wahrnehmung und Vorstellung des Sexualpartners. Hier reizen ganz bestimmte Eigenschaften. Diese sind nicht irrational, aber bei verschiedenen Menschen ziemlich verschieden, und sie hängen auch von dem ab, was als Idealbild teils angeboren, teils anerzogen vorgestellt wird. Ganz allgemein gilt, daß das gesunde Aussehen, das darauf hinweist, daß der Partner wirklich fortpflanzungsfähig ist, auf den Trieb anregend wirkt. Aus diesem Grunde reizen bei der Frau die faltenlose Haut, die Röte der Lippen, ein voller Busen; beim Mann die gesunde Kraft oder die Intelligenz, die ebenfalls hochwertige Nachkommen verspricht. Wer den Sexualtrieb des Partners reizen will, hebt diese Eigenschaften und Bilder hervor.

Das gesamte Sex-Vorbild kann krankhaft verbogen sein. Dadurch entstehen die Perversitäten. Oder es wirken nur einzelne Eigenschaften besonders stark reizend. So kann der eine auf Busen, der andere auf besondere Jugend, der dritte auf Kleidungsstücke »scharf« sein. Im Extremfall werden Teile für das Ganze genommen. Das ergibt dann den Fetischismus.

Die Sehnsucht (FE 9)

Die Sehnsucht ist ein eigener elementarer Trieb mit gleichnamigem dazugehörigen Unlustgefühl. Das Wort zeigt bereits, daß er ein Ziel und eine Aufgabe hat. Je nach der Situation und dem auslösenden Vorstellungsreiz nennen wir die quälende Unlust dieses Triebes auch Heimweh oder Abschiedsschmerz. In diesem Gefühl liegt eine Anziehungskraft.

Die Sehnsucht ist das Band der Liebe. Sie schmerzt bei jeder Trennung und drängt zum Zusammensein. Ihr Zweck ist klar zu erkennen. Ist in Urzeiten der Jäger hinausgezogen, um zu jagen, oder ist er mit anderen in weite Fernen gezogen, so mußte ein unsichtbares Band, eine seelische Kraft, die nur ein Trieb sein konnte, dafür sorgen, daß er wieder zurückkehrte. Zu diesem Zweck hat die Natur die Sehnsucht erfunden. Dieser Trieb, diese FE, dieser zielstrebige Mechanismus soll den Menschen dahin ziehen, wo er seine Heimat, sein Heim, seinen Sexualpartner, seine Familie, seine Geliebten hat.

Kehrt der Ferne wieder zurück, erlebt er als Erfüllung und Belohnung bei der Annäherung und bei der Begrüßung das herrliche Lustgefühl der Wiedersehensfreude.

W und V der »Entfernung vom Sehnsuchtsobjekt« lösen Sehnsucht (Abschiedsschmerz, Heimweh) aus. Entfernung ist hier sowohl als Abstand vom Objekt als auch als die Bewegung des Entfernens zu verstehen. Daher kann die Qual schon beim Abschied entstehen.

Schlüssel-Signale für das elementare Lustgefühl sind W und

V der Wiederannäherung und Wiedervereinigung mit dem Sehnsuchtsobjekt. Der im Urlaub heimkehrende Soldat oder Gastarbeiter erlebt das Lustgefühl dieses Triebes meist schon bei der Rückfahrt in die Heimat.

In der »Emotionspsychologie«[18] ist das Wort Sehnsucht nicht erwähnt. Im »Wörterbuch der Psychologie«[19] finden wir unter »Sehnsucht« nur: »Innere Bewegtheit der gesamten Existenz des Menschen ohne Objektbezug. Ist die Grundlage für die Manifestation von Wünschen.«

Wir glauben, daß unsere Sprache im Wort »Sehnsucht« bereits mehr ausgedrückt hat, nämlich ein Sehnen. Dieses muß objektbezogen sein. Daß es elementare Gefühle mit Aufgaben gibt, war bislang unbekannt. Sehnsucht und Wiedersehensfreude sind deutlich solche Gefühle (Emotionen).

Sympathie-Antipathie (FE 10)

Unabhängig und getrennt vom Sexualtrieb und von der Sehnsucht existiert und funktioniert eine FE, die mit den Emotionen Sympathie und Antipathie wirkt. Diese FE hat andere Gefühle, andere Signale, andere Aufgaben als der Sexualtrieb und die Sehnsucht, wenn sich auch die Objekte für alle drei FE oft gleichen oder gar identisch sind. Wenn dies der Fall ist, werden Sexualbegierde, Sehnsucht und »seelische« Liebe (starke Sympathie) zusammen erlebt. Wählen wir für »Sympathie-Antipathie« als Synonyme »Zuneigung-Abneigung«, so finden wir in diesen Ausdrücken unserer klugen Sprache bereits die von den Psychologen unserer Zeit nicht gesehene, ja sogar abgeleugnete Aufgabe dieser FE. Wir sollen uns den Objekten und Personen, die Sympathie (Zuneigung) erwecken, zuneigen, zuwenden, bei ihnen bleiben, sie fördern, uns dagegen von den Objekten, die Antipathie (Abneigung) erwecken, abneigen, abwenden, entfernen, sie nicht fördern. Zu den einen sollen wir hin-, von den anderen weg-streben. Das ist der Sinn dieser Gefühle.

Das Gefühl Sympathie ist identisch mit der Emotion Zuneigung und mit dem Gefühl, das wir seelische oder eigentliche oder echte Liebe nennen. Ein starkes Gefühl der Antipathie (Abneigung) ist Haß.

Schlüssel-Signale für das Gefühl Sympathie sind W und V eines Objektes, das positive (lustvolle) Gefühle erweckt, das Streben und die Wunscherfüllung fördert, selbst Objekt einer Wunscherfüllung oder Bedürfnisbefriedigung ist sowie Hoffnung erweckt.

Schlüssel-Signale für das Gefühl Antipathie sind W und V eines Objektes, das negative (unlustvolle) Gefühle erweckt und das Streben und die Wunscherfüllung behindert.

Da ein Objekt, das ein Streben behindert, sowohl den Abwehrtrieb reizt als auch Antipathie erzeugt, wird verständlich, daß es gleichzeitig Wut und Haß, ein Mischgefühl, das als Zorn erscheint, auslösen kann.

Verständlich wird bei der Betrachtung der spezifischen Signale auch, daß das Objekt, das den Wunsch des Sexualtriebes befriedigt, auch Objekt der Liebe (großer Zuneigung) werden kann. Man vermag jedoch auch sexuelle Begierde zu einem Menschen fühlen und gleichzeitig Haß, wenn der Betreffende einerseits den Sexualtrieb reizt, andererseits wegen bestimmter Eigenschaften Verachtung, Abscheu oder Wut erregt. Das ist die Haß-Liebe. Liebe kann ohne Beteiligung des Sexualtriebes erlebt werden. Geliebte Objekte können in diesem Fall nicht nur Personen, sondern auch Tiere, Dinge und Landschaften sein.

Sehen wir, was wir in psychologischen Lexika über Sympathie, Antipathie, Zuneigung, Abneigung, Haß finden! Wörterbuch der Psychologie[20]: »Sympathie: Zuneigung als unbewußte, spontane, positive Gefühlsreaktion gegenüber Personen und Dingen. Gegensatz: Antipathie.« Im Lexikon der Psychologie[21] sind Abneigung, Antipathie, Haß, Liebe nicht aufgeführt. Nach Freud entsteht Haß »aus oralen und analen Partialtrieben, die nicht sozialisiert worden sind«.

Die EPS sieht in der FE 10 mit den Emotionen Sympathie und Antipathie einen Regelmechanismus, der durch ein zweckmäßiges Verfahren sinnvoll das Zusammenwirken zusammenpassender und sich helfender und beglückender Personen und Objekte fördert, jedoch Personen und Objekte, die sich schaden, stören, nicht zusammenpassen, voneinander fernzuhalten versucht.

Liebe (Sympathie) erzeugt vor allem, das sei nochmals betont, was Hoffnung erweckt, Hoffnung auf Wunscherfüllung. Einem solchen Objekt soll man und will man sich zuwenden.

Der Fürsorgetrieb (FE 11)

Die Nächstenliebe sowie die Emotionen Güte, Mitleid, Sorge gehören weder dem Sexualtrieb, noch der Sympathie-Antipathie-FE an. Sie sind Gefühle einer eigenen FE.

Diese reagieren auf W und V der Hilfsbedürftigkeit anderer, also Leidender, Schwacher, Kleiner, Kindlicher, Zierlicher mit einem Gefühl mitleidiger Sorge.

Das elementare lustvolle Gefühl dieser FE wird von W und V des Umsorgens, Helfens, Schenkens, Streichelns, Tröstens, vor allem bei schwachen, geliebten, leidenden Wesen und eigenen Kindern bewirkt. Der Anblick zierlicher, kindlicher, zarter Gestalten löst automatisch-instinktiv dieses Gefühl aus, das wir in der Güte, einem Gefühl der Zärtlichkeit und einer fürsorglichen Liebe enthalten finden.

Im Erlebnis Sorge ist meist Mitleid mit Angst gemischt. Zärtliche Güte ist häufig mit Liebe (Sympathie) gemischt, da man sich häufig dem Objekt zugeneigt fühlt, das man umsorgen will.

Die Aufgabe dieser elementaren Triebkraft in Tieren und Menschen kann erkannt werden. Sie soll in der Not helfen lassen oder vor allem die Fürsorge für die eigenen Kinder sichern. Die EPS nennt diesen Trieb Fürsorgetrieb. Dieser ist die Wurzel des Altruismus.

Die Worte »Sorge«, »Mitleid«, »Güte« sind in den zitierten psychologischen Wörterbüchern nicht notiert. Für Freud ist die Zärtlichkeit eine »gehemmte Sexualität«, Kameradschaft unter Männern »sublimierte Homosexualität«.

Der Geselligkeitstrieb (FE 12)

Bei Tieren kennen wir den Herdentrieb. Wer ein einsam zurückgelassenes kleines Lämmchen oder auch ein Schaf, das man aus seiner Herde entfernt, wehmütig blöken hört, kann nachfühlen, daß es leidet, eine Unlust erlebt, zu seiner Herde laufen will. Diese Unlust hat ohne Zweifel einen Sinn. Sie soll dafür sorgen, daß kein Tier verloren geht. Sie soll die Herde zusammenhalten. Was sonst könnte diese Aufgabe besser erfüllen? An diesem Gefühl, das wir beim Tier nur aus seinem Verhalten erschließen können, sehen wir wieder, wie elementare Gefühle ein biologisch notwendiges Verhalten lenken und wie sie durch eine Unlust erzwingen wollen, was notwendig ist. Der Mensch besitzt einen ähnlichen Trieb. Wir kennen ein elementares Einsamkeitsgefühl, das Alleinseiende leiden läßt. Und wir kennen ein lustvolles Gefühl der Geborgenheit, wenn wir einsam und alleingelassen gewesen, wieder in eine Gesellschaft oder eine Zweisamkeit aufgenommen werden. Entsprechende Wahrnehmungen und Vorstellungen sind die Signale zu diesen Gefühlen.

Die elementar-psychologische Differentialdiagnose zeigt, daß hier eine eigene FE mit eigenen Gefühlen vorliegt und weder Sehnsucht noch Langeweile, die oft zusätzlich in der Einsamkeit auftreten, mit diesen Gefühlen identisch sind. Auch mit Liebe hat diese FE nichts zu tun. Der Einsame fühlt sich schon auf der Straße unter fremden Menschen nicht mehr so einsam wie allein in seinem Zimmer. In diesem aber kann ihm schon ein Hund, der dort atmet, helfen, die Unlust der Einsamkeit zu mindern. So mancher sucht auch in der Ehe mehr der Unlust des Alleinseins zu entgehen und die lustvolle Geborgenheit der Zweisamkeit zu genießen als sexuellen Genuß. Die Tatsache, daß eine sexuelle Bindung oder Ehe in der Regel mehr als einen Trieb befriedigt und entsprechende Gefühle auslöst, zeigt, daß verschiedene FE zusammenwirken können und trotzdem jeder einzelne elementare Mechanismus exakt nach seinem Funktionsgesetz reagiert. Die EPS kann nachweisen, daß bei der »Liebe« fünf verschiedene elementare Triebe (FE) eine Rolle spielen. Freud schrieb dem Sexualtrieb alle Liebe und alle Libido (Wünsche) zu.

In psychologischen Lexika findet man unter den in diesem Kapitel genannten Worten nichts.

Der Geltungstrieb (FE 13)

In den vorangegangenen Kapiteln konnten elementare Triebe, die der Erhaltung des Lebens und der Art dienten, demonstriert werden. In der Psyche des Menschen sind jedoch noch weitere, nicht egoistische Triebe und elementare FE vorhanden, die ganz bestimmten höheren, sozialen Aufgaben dienen sollen.

Daß diese »höheren« Triebe und Regelmechanismen auch angeboren und in der Evolution entstanden sind, mutet uns beim ersten Betrachten unbegreiflich an. Mancher Leser denkt, daß gerade solches erlernt, anerzogen und aus der Umwelt und dem Zeitgeist entstanden sein müsse, zumal es doch so wenig »tierisch« ist und mehr Seelisches und Geistiges zeigt. Wenn wir jedoch bedenken, daß alle Menschen auch diese elementaren Triebe und Mechanismen besitzen, begreifen wir, daß sie tatsächlich angeboren sind. Daß die höheren Tiere mit Begriffen des Geistes arbeiten und daß Begriffsvorstellungen und Kunstgestalten zu ihren Schlüssel-Signalen werden, widerspricht nicht der Tatsache, daß ihre Grundstruktur wie ein Organ angeboren und in unserem Gehirn fest verankert ist.

Ein erstes und gutes Beispiel ist der Geltungstrieb. Diese FE arbeitet wie die meisten FE mit zwei Gefühlen, einem elementaren spezifischen Lustgefühl und einem unlustvollen, quälenden Gefühl. Das eine nennen wir Stolz, das andere nennt die EPS Schamgefühl.

Letzteres ist eine elementare, mit keinem anderen Gefühl verwechselbare Emotion, die auftritt, wenn man sich schämt, blamiert hat, an einem Minderwertigkeitskomplex leidet. Die EPS grenzt den Begriff »Scham« und »Stolz«, wie schon erwähnt, wegen der babylonischen Sprachverwirrung unserer bisherigen Psychologie gegen das ab, was man außerdem noch als Stolz und Schamgefühl bezeichnet, zum Beispiel gegen eine arrogante Haltung und eine Scheu, seine Sexualorgane oder sonst etwas zu zeigen.

Schlüsselsignale für das elementare, lustvolle Gefühl Stolz sind W und V, die uns bedeuten, daß unser Wert hocheingeschätzt oder erhöht wird oder wurde.

Schlüsselsignale für das elementare unlustvolle Gefühl Scham sind W und V, die anzeigen, daß unser Wert gering eingeschätzt oder herabgesetzt wird oder wurde.

Zu den Signalen, die das wohltuende Gefühl des Stolzes erleben lassen, gehören Lob, Anerkennung, Auszeichnung. »Mit Titel und Orden hängt man Menschen Dauerspender lustvollen Stolzes um[22].« Zeichen der Hochwertung sind auch Hochschätzung, Achtung, Verehrung, Ehre, Prestige sowie Eigenwertungen der verschiedensten Art.

Zu den Signalen, die quälendes Schamgefühl auslösen, gehören Worte der Geringschätzung, Tadel, Beschimpfung, Degradierung, Entehrung, Kränkung, eigene Minderwertigkeits-Vorstellungen, Blamage. Der elementare Geltungstrieb dürfte heute einer der am stärksten wirksamen Triebe sein. Leider scheint er in der Politik sogar die Vernunft zu verdrängen. Das Prestige gilt mehr als die Wohlfahrt der Menschen.

Beim Minderwertigkeitskomplex glaubt man selbst nicht an den eigenen Wert und mißt ihn daher dauernd von neuem an den Aussagen anderer Menschen, die man überbewertet, wodurch man sich immer gekränkt fühlt.

Die Unlust der Blamage, welche identisch mit dem Minderwertigkeitsgefühl und der Scham ist, macht krank. Daher das Wort »Kränkung«. Man ist »geknickt«, »verletzt«.

Die sinnvolle Aufgabe des Geltungstriebes ist bei näherer Betrachtung der Schlüsselreize unschwer zu erkennen. Wir Menschen sollen unseren Wert an Vergleichen mit unseren Mitmenschen und Äußerungen von ihnen messen und danach streben, diesen Wert aufrechtzuerhalten oder sogar zu erhöhen. Mehr als andere Triebe regt dieser sowohl zu Leistungen als auch zu sozial guten Taten an. Man tut Gutes, um darauf stolz sein zu können. Und man scheut sich Schlechtes zu tun, um nicht quälende Scham fühlen zu müssen.

Schon spielende Kinder zeigen ihren Geltungstrieb. Sie wollen beobachtet, bewundert und gelobt werden. Lob und Tadel und Äußerungen des Gefallens oder Mißfallens sind ein wesentlicher, wahrscheinlich der wichtigste Teil einer guten Erziehung.

Der Geltungstrieb und sein Reaktionsmechanismus sind angeboren. Die Wertung jedoch, das heißt, was hoch oder niedrig gewertet wird, ist weitgehend von erlernten, angelesenen und aus dem Zeitgeist gewonnenen Vorstellungen abhängig.

Der Geltungstrieb wird heute weitgehend diskriminiert, weil man aus politischen Gründen eine Wertungsauslese scheut oder weil man das hilfreiche Gefühl des Stolzes mit einer Haltung der Arroganz verwechselt, die man ebenfalls als Stolz bezeichnet. Diese Verwechslung kann als beispielhaft gelten wie eine Wortgleichheit für verschiedene Begriffe bei oberflächlichem Denken zu Fehlurteilen führen kann.

Im Wörterbuch der Psychologie[23] sind Stolz und Scham nicht erwähnt. Unter Geltungstrieb finden wir: »Das Bestreben, das eigene Ich anderen gegenüber in den Mittelpunkt zu stellen.«

An dieser Bemerkung läßt sich ablesen, daß die bisherige Psychologie vornehmlich krankhafte Reaktionen beschreibt, normale, gesunde Reaktionen jedoch nicht notiert. Das Lexikon der Psychologie[24]: »Geltungsstreben zielt darauf ab, der eigenen Person Anerkennung und Beachtung zu verschaffen. In übersteigerter Form äußert sich G. als Angeberei und Prahlsucht.«

Der Machttrieb (FE 14)

Von der Individualpsychologie, der Schule Alfred Adlers, werden der Geltungs- und der Machttrieb immer wieder verwechselt. Die EPS grenzt beide Triebe streng gegeneinander ab.

Die Analyse des Machttriebs zeigt, daß es ein lustvolles Machtgefühl und ein unlustvolles Gefühl der Unterlegenheit gibt.

Schlüsselsignale für das Machtgefühl, das sich bis zum Machtrausch steigern kann, sind W und V der eigenen Macht und Herrschaft oder der Gruppe, mit der man sich identifiziert.

Schlüssel-Signale für das Gefühl der Unterlegenheit sind W und V der Unterlegenheit, Knechtschaft, Abhängigkeit.

Der Machttrieb soll wahrscheinlich eine biologisch notwendige hierarchische Ordnung herstellen oder aufrechterhalten. Bei

Hühnern kennen wir den vergleichbaren Hacktrieb und eine Hackordnung. Schon bei Kindern kann man gut erste Machtkämpfe beobachten. Auch im Trotzalter spielen sich oft Machtkämpfe ab. Kinder und Jugendliche probieren dabei, wie weit sie mit einer Herausforderung gehen können und von wem ihre Provokation noch toleriert wird. Durch ihre Provokation fühlen sie sich mächtig, verspüren sie ein lustvolles Machtgefühl. Machtgefühl spielt auch beim Sadismus eine Rolle. Man will andere seine Macht durch Zufügung von Schmerz fühlen lassen.

Ein übersteigertes Machtgefühl gilt in der Psychiatrie als typisches Symptom des Größenwahnsinns bei Manie. Auch bei der heute kaum noch vorkommenden Paralyse wurde es beobachtet. Ein krankhaftes Gefühl der Unterlegenheit, der »Ohnmacht«, des Nichtkönnens zeigt sich bei Depressionen.

Machtgefühl und Geltungstrieb werden nicht nur häufig verwechselt, die Gefühle beider Triebe treten oft auch als Mischgefühl auf, werden also zusammen erlebt.

Der Unterordnungstrieb (FE 15)

In der Nähe von Helden und Diktatoren entstand bei vielen Frauen oft eine Art Hingabesucht. Manche erleben eine besondere Lust in der Liebe, wenn sie beim Mann eine gewisse Macht und Brutalität spüren. Diese Hingabe hat mit sexueller Erwartung nichts zu tun, wenngleich sie damit vermischt sein kann.

Triebe, die im täglichen Leben nicht sehr stark in Erscheinung treten, kann man oft nur an Übersteigerungen und krankhaften Entartungen deutlich erkennen. So den Trieb zur Unterwerfung im Masochismus. Der Machttrieb findet im Sadismus seine Übersteigerung. Dagegen wünscht sich der Masochist zu unterwerfen, ja sogar bestraft und geschlagen zu werden. So merkwürdig es klingt, aber man kann beobachten, daß beim Bestraftwerden auch normale Menschen eine gewisse befreiende Lust erleben können, wenn damit eine Unterwerfung unter eine sinnvolle Ordnungsmacht verbunden ist. Als Psychiater kannte ich viele Masochisten, die ich auch vor Gericht begutachten mußte. Stets fand ich in ihrem Verhalten einen spezifischen Unterwerfungstrieb, auch dann, wenn sich, was oft geschah, die Lust dieses Triebes mit einer sexuellen Lust assoziativ verband.

Bei der Analyse und Erforschung abartigen Verhaltens folgerte die EPS immer: Hier muß doch irgendeine normale Funktion mitwirken. Aus nichts wird nichts: Ohne normale Struktur keine übersteigerte. Im scheinbar Sinnlosen muß ein Ursinn entdeckbar sein.

Den Sinn und die Aufgabe des Unterwerfungstriebes kann man entdecken, wenn man ihn in früheren patriarchalischen oder auch matriarchalischen Ordnungen und Hierarchien sucht. Die Natur wollte eine Unterordnung und mußte mit einem Lustgefühl dazu verlocken.

Die Analyse und Differentialdiagnose beobachtbarer lustvoller Gefühle zeigt Lust bei der Demut, bei der Verehrung, der Hingabe an einen Mächtigen. Aus der Religionsgeschichte kennen wir ekstatische Verzückungen der Hingabe an Gott. Gleiche ekstatische Gefühle konnte man auch bei Beatle-Fans sehen. All dies deutet darauf hin, daß es ein elementares Lustgefühl eines Unterwerfungstriebes geben muß.

Da derzeit »Unterwerfung«, das Wort »Untertan« sowie Autoritäten und Hierarchien verpönt und tabu sind, fällt es uns schwer, an einen solchen Unterwerfungstrieb im Menschen zu glauben. Die EPS nennt ihn Unterordnungstrieb.

Man kann auch ein Unlustgefühl dieser FE erkennen. Es tritt auf, wenn sich ein Mensch nicht dem Wunsch der Natur entsprechend verhält, hier: wenn er sich einem Mächtigeren, in der Hierarchie Höherstehenden, einem Vater oder Patriarchen in der Familie oder Sippe nicht unterwirft. Ein solches Gefühl gibt es. Wir beobachten es bei eigener Unbotmäßigkeit; auch, wenn andere gegen einen geachteten Chef rebellieren, wenn sich ein Kind gegen seine Eltern sehr ungezogen benimmt oder eine Studentin einen Bundeskanzler ohrfeigt.

W und V der eigenen Unterwerfung unter einen geachteten Mächtigen lösen ein Lustgefühl der Hingabe und Demut, W und V, die uns eine eigene oder fremde Nichtunterwerfung unter einen hochgeachteten Vorgesetzten oder eine anerkannte Autorität anzeigen, bewirken ein Unlustgefühl der Unbotmäßigkeit.

Dieser Trieb soll dazu drängen, daß man sich dem Begabteren und einer geachteten Autorität unterordnet und so eine biologisch notwendige Organisation der menschlichen Gesellschaft ermöglicht. Einer solchen biologisch-sozialen Aufgabe dient auch FE 16, die durch einen weiteren Steuerungsmechanismus den Aufbau menschlicher Hierarchien unterstützt, jedoch außerdem noch andere Aufgaben hat.

Achtung – Verachtung (FE 16)

Wir haben aufgezeigt, daß eine ganze Reihe von elementaren zielstrebigen Mechanismen (FE) unserer Psyche der Herstellung und Aufrechterhaltung gesellschaftlicher Strukturen und sozialen Verhaltens dient. Einige sind Regulationsmechanismen, die man nicht als Trieb bezeichnen kann. Als Beispiel dafür sei an die FE erinnert, die mit den Gefühlen Sympathie und Antipathie wirkt. Ein ähnliches und doch elementar anderes Gefühlspaar sind die Emotionen Achtung und Verachtung.

Achtung und Verachtung werden elementar gefühlt, ebenso wie Liebe und Haß oder wie Schönheit und Häßlichkeit. Diese Gefühle rühren uns primär lustvoll oder unlustvoll an, noch bevor oder auch ohne daß unser Geist das Sympathische oder Unsympathische, das Achtung oder Verachtung Erregende, das Schöne oder Häßliche verstandesmäßig erfaßt und begrifflich formuliert.

Schlüssel-Signale für das Gefühl der Achtung (Bewunderung) sind W und V, die uns eine Hochwertigkeit, Vollkommenheit, Größe, Erhabenheit oder eine besondere Leistung anzeigen. Das Gefühl der Achtung richtet sich auf das hochwertige Objekt.

Schlüssel-Signale für das Gefühl der Verachtung (Geringschätzung) sind W und V, die uns an einem Objekt eine Minderwertigkeit, Unvollkommenheit, Niedrigkeit anzeigen. Das Gefühl der Verachtung richtet sich auf das minderwertige Objekt.

Zweifler werden fragen, ob hier wirklich angeborene elementare Gefühle vorliegen oder nur Vorstellungen, die anerzogen wurden. Wie soll jedoch etwas anerzogen oder angelernt sein, das alle Menschen fühlen? Angelerntes läßt sich nicht gleichermaßen bei verschiedenen Menschen, Gruppen, Kulturen, Rassen finden. Auch kann man schon bei Kleinkindern noch vor jeder Erziehung das spontane Auftreten von Achtungs-(Bewunderungs-)Gefühlen beobachten.

Ähnlich wie die FE der Sympathie und des ästhetischen Sinnes dienen die Gefühle der Achtung und Verachtung einem Auswählen. Wir sollen das Geachtete aussuchen, das Verachtete nicht wählen und meiden. Diese FE arbeitet im Prinzip nicht anders wie die FE 2 a, die für den Nahrungstrieb das Genießbare und für die Ernährung Wertvolle vom Ungenießbaren und Giftigen trennen und das für das Leben Wertvolle auswählen soll.

In psychologischen Lexika sind die Worte Achtung und Verachtung nicht zu finden.

Das Gewissen (FE 17)

Das Gewissen galt immer als »die Stimme Gottes« in uns Menschen. Man grenzte es damit vor allem von mehr oder weniger egoistischen Trieben und Wünschen ab. Das Gewissen allein sollte uns als ein geheimnisvoller Gottesfunke und wie ein uns vor eigenen bösen Taten schützender Engel durch das Leben führen. Praktisch wirkt es auch wie solch ein leitender Engel. Nach der EPS ist auch das Gewissen ein Triebmechanismus, ein eingebauter, angeborener Sinn, der gute Taten wählen, schlechte jedoch meiden lassen soll.

Was gut und was als schlecht gewertet wird, ist dem Gewissen einerseits im angeborenen instinktiven »Wissen« bekannt. Andererseits ist es aber auch noch von dem abhängig, was Erziehung, Tradition und Umwelt in die Begriffe vom Guten und Bösen hineingelegt haben. Von der Kirche erzogen, erhält das Gewissen einen religiösen Charakter.

Das Gewissen befiehlt meist nach der Regel: »Was du nicht willst, das man dir tu', das füg' auch keinem andern zu!« Handelt der Mensch entgegen diesem Motto, so verspürt er ein Schuldgefühl.

Das Gefühl der Reue gehört nicht zur FE »Gewissen«. Schuldgefühl und Reue werden oft zusammen erlebt, weil schlechte Taten häufig beide Gefühle aktivieren. Da die Reue jedoch auch unabhängig von »gut« und »böse« erlebbar ist, erweist sie sich bei genauer Analyse einwandfrei als zu einer anderen FE gehörend (siehe FE 22).

Schlüssel-Signale für das lustvolle »gute« Gefühl des Gewissens sind W und V eigener guter Taten oder: Nicht »schlecht« gewesen zu sein.

Das Unlustgefühl ist ein Schuldgefühl, dessen quälender Charakter das Wort »Gewissensbisse« gut bezeichnet. Schlüssel-Signale für dieses Schuldgefühl sind W und V eigener schlechter, böser, verbrecherischer Taten.

Im Wörterbuch der Psychologie[25] lesen wir unter »Schuldgefühl«: »Peinlich empfundene Einsicht, ein anerkanntes Gesetz, (sittliches) Gebot oder eine Pflicht verletzt zu haben.« Wir sehen an dieser Definition wieder, daß bisher Gefühle, selbst wenn sie als solche bezeichnet wurden, nicht von Vorstellungen abgetrennt wurden und damit auch nicht als eigene, immer wiederkehrende Elemente der Psyche erkannt worden sind. Hier wurde das auslösende Signal mit dem »peinlich empfundenen« Gefühl als eine Einheit genannt.

Das Gewissen ist in der Literatur so häufig als eine jedem Menschen innewohnende Stimme Gottes oder als eine geheimnisvolle Kraft, die uns wie ein Engel durch das Leben führt, beschrieben worden, daß wohl kein Zweifel darüber besteht, daß eine solche Kraft jedem Menschen angeboren ist. Jeder besitzt ein Gewissen. Wie weit es sich gegen andere egoistische Triebe durchsetzt, ist eine andere Frage. In der FE »Gewissen« sehen wir einen Mechanismus, der wählen läßt. In einem späteren Kapitel wird der Mechanismus der Motivation beschrieben. Die Wahltriebe spielen bei dieser Motivation eine entscheidende Rolle.

Der Neid (FE 18)

Helmut Schoek schrieb ein 430 Seiten starkes Buch[26] über den Neid. Damit wurde zum ersten Mal ein Gefühl umfassend dargestellt. Man könnte und sollte über alle elementaren Gefühle solche Lehrbücher schreiben, denn jedes Gefühl ist eine wirksame psychische Kraft, eine gewichtige Naturkraft, die in unserem individuellen und sozialen Leben ihre Rolle spielt. Schoeck schildert auch, welche Rolle der Neid in der Geschichte der Menschheit gespielt hat.

Nach der EPS gehören Neid und Schadenfreude als Lust und Unlust einem elementaren Mechanismus an. Die folgende kurze Darstellung der EPS widerspricht in keinem Punkt dem, was Schoeck über den Neid ausgesagt hat. Schlüssel-Signale für das Gefühl des Neides sind W und V, die uns zeigen, daß andere mehr haben, können, gelten, sind, schneller weiterkommen, auf der Stufenleiter des Erfolgs, der Wunscherfüllung und des Glücks höher stehen als wir selbst.

Schlüssel-Signale für das lustvolle Gefühl der Schadenfreude sind W und V, die uns zeigen, daß andere weniger haben, können, gelten, sind, langsamer weiterkommen, auf der Stufenleiter des Erfolgs, der Wunscherfüllung und des Glücks tieferstehen als wir selbst.

Diese Formulierung legt fest, daß die Umkehrung der Signal-Begriffe von negativ auf positiv im Sinne des Triebes eine Änderung der Gefühle von Unlust auf Lust bewirkt. Dasselbe fand die EPS bei einer ganzen Reihe der von ihr beschriebenen elementaren Mechanismen der Psyche. Auch das beweist die Zusammengehörigkeit von jeweils zwei Gefühlen in einer Funktions-Einheit (FE), in einem Wirkelement der Psyche.

So sehr das Gewissen zum Ursprung des Guten wird, so sehr wird der Trieb, dem der Neid und die Schadenfreude zugehören, als Ursprung des Bösen gesehen. Man könnte natürlich sagen, das eine sei die Stimme Gottes, das andere die Stimme des Teufels. Es bleibt dann aber schwer verständlich, wozu in der Evolution ein solcher Teufelstrieb entstanden sein soll.

Neid und Schadenfreude mußten irgendeine biologisch-soziale Aufgabe haben. Sonst wären diese starken Gefühle nicht entstanden. Wir stellen die Frage nach einer sinnvollen Aufgabe des Neides zur Diskussion. Ist er ein Atavismus, der früher sinnvoll war, heute jedoch stört (wie etwa der Wurmfortsatz unseres Blinddarms) oder kann er heute noch eine Aufgabe erfüllen, wie alle unsere anderen Triebe und FE? Unsere vorläufige Hypothese lautet, daß dieser Trieb uns drängen sollte, auf der Stufenleiter des Erfolgs nicht zurückzubleiben, sondern andere einzuholen oder zu überholen, daß aber der Mechanismus der Neidreaktion einen Konstruktionsfehler enthält.

Die EPS kann genau erkennen, wo der Fehler liegt, der diesen Trieb zum Trieb des Bösen werden lassen kann: Wir können auch überholen, wenn wir den anderen zurückreißen, ihn schädigen, von seiner Stufe herunterstoßen, ihn am Steigen und Uns-überholen behindern. In diesem instinktiven, triebhaften Wollen liegt das Böse begründet. Andere Triebe können aus Egoismus das Böse wollen. Der Neid und auch der Abwehr-(Vernichtungs-)trieb können das Böse, eben die Vernichtung oder die Schädigung anderer direkt wünschen.

Die EPS erkennt auch, daß diese FE mit dem Lustgefühl der Schadenfreude eine Hauptursache des Lachens ist, daß sie reflektorisch Lachen auslöst. Das meiste, was uns beim Humor zum Lachen reizt, sind W und V, daß andere zurückgeblieben sind, sich blamieren, Nachteile haben, Dummköpfe sind, als solche etwas verwechseln. Vor allem, wenn andere stolpern und fallen, regt das durch einen Urinstinkt sehr stark zum schadenfrohen Lachen an. Wenn andere stolpern, können wir sie überholen. So ging es im Urwettlauf. Fast alle Clownerien zeigen, daß der Clown dumm, mißgebildet, zurückgeblieben ist, stolpert oder in eine falsche Richtung läuft, wo er zurückbleiben muß; daß er etwas verwechselt, geohrfeigt oder sonst schlecht behandelt wird. Darüber müssen wir lachen.

Neid erweckt Mißgunst; man mißgönnt dem Beneideten, was er mehr als man selber besitzt. Die Worte Neid, Schadenfreude, Mißgunst sind im Wörterbuch der Psychologie[26] nicht verzeichnet, im Lexikon der Psychologie[27] finden wir unter Neid: »Der Wunsch, ein anderer möge über bestimmte Attribute in geringerem Maße verfügen als man selbst. Als Beispiel mag der Penisneid dienen.«

Die Eifersucht

Die Eifersucht, zweifellos ein Unlustgefühl, da sie quält, ist kein eigenes elementares Gefühl, sondern nichts anderes als Neid in einer bestimmten Situation.

Der Eifersüchtige will in der Liebe oder Achtung beim Geliebten auf oberster Stufe stehen. Er befürchtet ständig, durch einen tatsächlichen oder vermeintlichen Konkurrenten um diesen Platz gebracht zu werden. Neid auf diesen Konkurrenten und Angst vor ihm, ein Mischgefühl, werden vom Eifersüchtigen als eins erlebt.

Die quälende Unlust typischer Eifersüchtiger, die wahrnehmen, sich vorstellen oder befürchten, daß ein anderer die eigene hohe Stellung in der Liebe oder Geltung eingenommen hat oder einnehmen wird, ist vorwiegend Neid. Dieser wird dabei von seinen spezifischen Schlüssel-Signalen ausgelöst. Wer einen Konkurrenten von seinem Platz verdrängt oder wer beobachtet, daß dieser seine Stellung verliert, erlebt typische Schadenfreude. Er erlebt sie auch dann, wenn ihm der Stellenwechsel des anderen nicht zum eigenen Vorteil gereicht.

Der klassische Fall für Psychotherapeuten ist der neurotisch oder kriminell gewordene Erwachsene, dem als Kind von seinen Eltern ein anderes (ein erstgeborenes Geschwister zum Beispiel) vorgezogen wurde. Freuds Psychoanalyse führt solche Leiden auf einen in der Kindheit frustrierten Sexualtrieb zurück. Kastrationsangst, Penisneid, Ödipuskomplex dürften jedoch eine Seltenheit sein. Adlers Lehre der Individualpsychologie meint, in solch einem Fall sei der Machttrieb des Kindes gekränkt worden und der Erwachsene müsse diesen nun durch einen erhöhten Machtanspruch und eine Verminderung seines Gemeinschaftssinnes überkompensieren. Der Machttrieb spielt im sogenannten Trotzalter (Ende des dritten und Beginn des vierten Jahres) eine große Rolle, ehe eine vernünftige soziale Einordnung gelungen ist.

Die EPS stellt die viel einfachere Hypothese auf und zur Diskussion: Was ein zurückgesetztes Kind krank macht, was es quälen, was es zur Neurose, sogar zum Haß und zum Bösen bringen kann, ist Neid in der Abart der Eifersucht. Wenn Eltern das Gesetz des Neides kennen, werden sie das Auftreten dieser

Qual verhindern können. Sie werden ihr Kind vor neidauslösenden Schlüssel-Signalen bewahren.

Der Wunsch des Kindes, von den Eltern geliebt zu werden, hat mit seinem Sexualtrieb nichts zu tun. Das Kleinkind sucht Schutz, Geborgenheit und Beachtung. Es fürchtet also die Angst (FE 5), das Gefühl der Vereinsamung (FE 12), will den Stolz seines schon früh erwachten Geltungstriebes (FE 13) genießen, geachtet, beachtet, geliebt, gelobt sein. All diese Wünsche kann ihm die Mutterliebe erfüllen. Diese Triebe und Bedürfnisse, nicht sein Sexualtrieb, werden von lieblosen Eltern frustriert.

Wörterbuch der Psychologie[27]: »Eifersucht im weitesten Sinn ist gleichzusetzen mit Mißgunst und Neid.«

Der Freiheitsdrang (FE 19)

Die Unlust, die wir verspüren, wenn wir eingesperrt sind, ist so intensiv, so typisch und mit keinem anderen Gefühl verwechselbar, daß wir sie für ein elementares Gefühl halten müssen. Es ist merkwürdig, daß unsere Sprache diesem intensiv erlebbaren Gefühl, das so viele schon schwer leiden ließ und oft in den Tod getrieben hat, noch keinen Namen gab. Der Grund dafür ist wahrscheinlich einfach die bisherige Unkenntnis vom wahren Wesen eines elementaren Gefühls überhaupt. Man vermochte bisher ein Gefühl von der es auslösenden Vorstellung nicht immer zu trennen. Merkwürdig ist die Namenlosigkeit vor allem auch deshalb, weil der Strafvollzug gerade und fast ausschließlich die Unlust des Freiheitsdranges dazu auserwählt hat, Verbrecher zu bestrafen. Was denkt man sich eigentlich dabei, wenn man durch Freiheitsentzug straft und sühnen läßt? Was hält man dabei für so unangenehm, daß es als Abschreckung dienen kann? Quälen konnte doch nur ein Gefühl. Und nur der Freiheitsentzug konnte es hervorrufen.

Die quälende Unlust beim Eingesperrtsein ist mit keiner anderen Unlust wie Schmerz, Ekel, Angst, Neid identisch. Sie kann allerdings mit einem Gefühl der Einsamkeit (bei Einzelhaft) und einem Gefühl der Langeweile gemischt sein, dies jedoch nur, wenn diese Gefühle von ihren eigenen Schlüssel-

Signalen ausgelöst werden.

Wir kennen auch ein Lustgefühl des Freiheitstriebes. Als in Afrika die Uhuru, die große Freiheit, ausgerufen wurde, tanzten alle Eingeborenen vor Freude darüber und gebärdeten sich wie berauscht. Das war die starke Lust des Freiheitstriebes! Diese Lust kennt jeder Schüler, wenn sich die Türe des Klassenzimmers zur Pause öffnet und wenn gerade die großen Ferien beginnen.

Schlüssel-Signale für die Unlust des Freiheitstriebes sind W und V des Eingesperrtseins, der Unfreiheit sowie der Einengung der freien Auswirkung und Entfaltung der Persönlichkeit.

Schlüssel-Signale für das lustvolle Freiheitsgefühl sind W und V der erreichten oder wiederhergestellten Freiheit.

Was der Mensch mit dem Schlüssel-Signal »Freiheit« assoziativ verbindet, erhält er meist schon als Kind angelernt und anerzogen. Oder er hat es später immer wieder in der Zeitung gelesen, im Rundfunk gehört, beim Fernsehen aufgenommen. Sehr oft handelt es sich dabei um Teilfreiheiten, die ihm eine wirkliche Freiheit nur vorgaukeln. Freiheit, ein Parlament wählen zu dürfen oder Freiheit von Kolonialherren kann ihm »die Freiheit« bedeuten, auch wenn andere Freiheiten dabei kaum gewährt werden.

Freiheit ist heute das große Ideal der westlichen Welt. Man vergißt dabei leicht, daß Freiheit nur ein Wert unter vielen Werten ist, die alle von elementaren Triebkräften gesucht werden.

Der sozialistische Osten kennt eine andere Freiheit und meint sehr weise und psychologisch völlig richtig und exakt: »Frei ist, wer selbst will, was er soll.«

Eine Frage an die Justiz wäre: Warum wendet man zur Abschreckung und Strafe gerade die Unlust des Eingesperrtseins an? Es stehen für nicht gemeingefährliche Verbrecher so viele geeignetere Unlust- und Quälgefühle zur Wahl. Zum Beispiel, um nur eine von vielen möglichen zu nennen, käme die Scham des Geltungstriebes hierfür in Betracht. Diese billigere Unlust sucht man heute zu vermeiden, muß statt dessen jedoch die Zeit des Einsperrens verlängern. Es bieten sich also durch die Erkenntnisse der EPS auch auf dem Gebiet des Strafvollzugs neue Denkmöglichkeiten an.

Der Gerechtigkeitssinn (FE 20)

Der Psychiater Professor Hoche schrieb in einer Arbeit über das Rechtsgefühl in Justiz und Politik: »Was wir in uns selbst wahrnehmen und als inneren Vorgang in anderen aus Äußerungen und Wirkungen erschließen, wenn wir von Rechtsgefühl sprechen, ist eine mit nichts vergleichbare Gemütserregung, die durch Berührung mit Tatbeständen oder Vorstellungen rechtlicher Art ausgelöst wird. Sie besteht bei denen, die ihr zugänglich sind, in einem Gefühl der Befriedigung, wenn das Recht zur Geltung kommt, in Mißbehagen oder Unlust, wenn es verletzt ist.«

Diese von Hoche genannten, »mit nichts vergleichbaren Gemütserregungen« konnte die EPS als jedem Menschen angeborene elementare Gefühle erkennen. Die EPS fand:
1. es gibt in jedem Menschen ein angeborenes elementares lustvolles Gerechtigkeitsgefühl und ein polar entgegengesetztes unlustvolles, quälendes Ungerechtigkeitsgefühl;
2. beide Gefühle (Emotionen) werden von ganz bestimmten (spezifischen) Schlüssel-Signalen ausgelöst;
3. es gibt bei jedem Menschen einen mit diesen beiden Gefühlen arbeitenden Gerechtigkeitstrieb (-sinn), der eine biologische Aufgabe hat und kategorisch Gerechtigkeit fordert.

Dieser Gerechtigkeitssinn oder -trieb kann so stark wie jeder andere elementare Trieb sein. Bei unzähligen Komplexen, Motivationen ist er im Spiel. Michael Kohlhaas und viele andere Gerechtigkeitsfanatiker sind Beispiele dafür, wie stark dieser Trieb sein kann. Heute heizt er politische Emotionen an. Auch wer Rache sucht und dabei Amok läuft, ist von einem überstark gewordenen Gerechtigkeitstrieb aktiviert. Rache ist stets der Versuch einer Wiederherstellung von Gerechtigkeit.

Die deutsche Sprache hat den Zusammenhang zwischen Rache und Recht schon lange begriffen. Die Worte »Recht« und »Rache« entspringen ein und derselben Sprachwurzel.

Auch die oft starke Mitwirkung der Bevölkerung bei einer Verbrecherjagd oder gar die Lynchjustiz machen deutlich, daß ein Gefühl der Ungerechtigkeit Rache fordern will. In jedem von starken Emotionen getragenen Handeln zeigt sich, daß ein elementares Gefühl mitwirkt. Bei Rachegelüsten sind oft auch

Haß und der Neid der Eifersucht mit im Spiel, manchmal außerdem noch die Wut des Abwehr-(Aggressions-)Triebes. Diese Beimischungen entstehen dann, wenn mehrere starke Triebe zugleich durch ungerechte Behandlung frustriert werden.

Der Gerechtigkeitstrieb kann sich für die eigene Sache einsetzen, jedoch auch für das Recht und gegen Ungerechtigkeiten bei anderen kämpfen. Wenn wir irgendwo eine Ungerechtigkeit wahrnehmen, gleich ob gegen uns selbst oder gegen andere Menschen, »wallt es in uns auf«. Wir erleben eine deutliche Unlust und Qual.

Schlüssel-Signale für das unlustvolle Gefühl der Ungerechtigkeit sind W und V von Ungerechtigkeiten und ungerechten Taten.

Als »ungerecht gefühlt« wird vor allem wenn: Personen zu wenig oder zu stark für schlechte Taten und Verbrechen bestraft werden, Unschuldige bestraft werden, die Justiz irrt, Leistungen oder gute Taten nicht der Leistung entsprechend belohnt werden, unverdiente Belohnungen ausgeteilt werden, Besitz und Einkommen nicht leistungsentsprechend verteilt sind.

Schlüssel-Signale für das lustvolle Gefühl der Gerechtigkeit sind W und V von gerecht erscheinenden Belohnungen und Strafen. Gerecht erscheint eine Verteilung von Lohn und Strafe nach Leistung und Schaden für die Allgemeinheit.

Hochinteressant ist, daß wir aus den Reaktionen unseres Gerechtigkeitssinnes erschließen können, was »die Natur« unter »Gerechtigkeit« versteht. Das kann einer zukünftigen Rechtsphilosophie und Rechtspsychologie einige Anregungen geben. Ich will dazu im folgenden eine Hypothese skizzieren:

Die natürliche Gerechtigkeit liegt in einer bestimmten biologisch-sozialen Ordnung. Wie sollte diese anders zu erkennen sein als durch die Erforschung biologischer Gesetze? Zu diesen zählt die EPS auch die psychologischen Gesetze, die mit dem Phänomen Bewußtsein wirken.

Die Lebewesen sind, soweit sie schon Gefühle besitzen, von der Natur so veranlagt, daß jede Handlung, welche zur Vervollkommnung der Organismen beiträgt und somit eine Tat im Sinne der Evolution oder des »Göttlichen Willens« ist, von einem positiven, angenehmen Gefühl begleitet wird. Jede Tat, welche gegen den Willen der Natur verstößt, jede Tat, welche eine Schädigung der Gemeinschaft der Menschen ist und eine Hemmung oder einen Rückschritt im zielstrebigen Leben bedeutet, wird dagegen mit einem negativen unangenehmen Gefühl einer Unlust bestraft. Damit soll die Ordnung aufrechterhalten werden.

Das ist der Sinn und der Zweck der Gefühle, welche absolut zielstrebig durch das Leben steuern sollen. Aber die Lebewesen sind unvollkommen. Beim Menschen kann es zu Irrungen des Wollens kommen. Jede schlechte und jede böse Tat ist im Grunde eine Irrung wegen Unvollkommenheit. Bedingt wird diese durch Unangepaßtheit und Starrheit der Triebe, durch ihr mangelhaftes Zusammenspiel, durch Überbewertung eines egoistischen Teilzieles, durch seelische oder organische Erkrankungen der Triebe oder durch eine Fehlorientierung (Irrtümer im bewußten Wissen) über die Zusammenhänge der Umwelt.

Die Irrungen bewirken einerseits, daß Leistungen (Taten für des absolute Ziel, die Vervollkommnung) nicht mit entsprechenden positiven Gefühlen belohnt werden und andererseits, daß Schädigungen der Gemeinschaft oder Unterlassungen von Soll-Leistungen nicht mit entsprechenden negativen Gefühlen bestraft werden oder gar mit positiven Gefühlen belohnt werden.

Das Gewissen soll schlechte Taten durch ein Schuldgefühl bestrafen, der Geltungstrieb gute Taten belohnen. Bei den meisten Menschen reicht die »Computer-Steuerung« durch Lust-Unlust-Gefühle aus, um auf dem rechten Weg zu bleiben. Nur wenige werden zu Verbrechern. Für sie griff der Mitmensch mit seinem Verstand und seiner Vernunft ein: er schuf das Recht und das Strafgesetz. Die für das Zusammenleben der Menschen notwendige Steuerung mittels Lust und Unlust, Lohn und Strafe sollte damit optimal aufrechterhalten werden. Die Evolution schuf den Gerechtigkeitstrieb, der eine solche Korrektur bei Entgleisungen kategorisch verlangt.

Nach dieser Hypothese der EPS ist Gerechtigkeit ein Ordnungssystem, in dem Lust und Unlust, Lohn und Strafe nach guten und schlechten Leistungen und Taten für die Gemeinschaft verteilt werden.

Konrad Lorenz schreibt: »... daß die Art Homo sapiens über ein hochdifferenziertes System von angeborenen Verhaltensweisen verfügt, das in durchaus analoger Weise wie das System der Antikörperbildung im Zellstaat der Ausmerzung gemeinschaftsgefährdender Parasiten dient ... Zweifellos ist das ›mysteriöse Rechtsgefühl‹ ein System genetisch verankerter Reaktionen, die uns gegen asoziales Verhalten von Artgenossen einzuschreiten veranlassen.«

Für Freud war Gerechtigkeit ein »geläuterter, triebhafter Neid«.

Die Vernunft (FE 21)

In den FE 13 bis FE 20 sah die EPS Triebe und Reaktionsmechanismen zur Aufrechterhaltung der menschlichen Ordnung. Die nun folgenden Triebe und Mechanismen (Sinne) sind FE der oberen Aufsichtsbehörde unserer Psyche. Auch sie sind uns Menschen angeboren. Auch sie arbeiten mit Emotionen. Auch sie haben ihre Schlüssel-Signale, die automatisch einen Triebmechanismus aufschließen und in Gang bringen.

Die Psychologie Freuds und anderer Tiefenpsychologen spricht von einem »Ich« und einem »Über-Ich«. Im Wörterbuch der Psychologie[28] lesen wir über das Über-Ich: »Nach S. Freud Ideal und Moral repräsentierende, dem Ich übergeordnete Instanz. E. Fromm bezeichnet das Überich als autoritäres Gewissen, A. Zweig als psychosoziale Regulation.«

Will man die tiefenpsychologische Sicht mit den Erkenntnissen der EPS in Einklang bringen, so läßt sich sagen, daß die FE der Ordnung und die der »oberen Aufsichtsbehörde« dem Überich zuzuordnen sind.

Vernunft wird vom Wörterbuch der Psychologie als »Vermögen abstrakten Denkens« definiert. Die EPS behält diese Definition dem Begriff »Verstand« vor. Ihr ist Vernunft der elementare Trieb, der bei einer Wahlentscheidung (Motivation) das Zweckmäßigere wählen und erstreben, das unzweckmäßiger Erscheinende jedoch vermeiden läßt. Dem Verstand fallen die Aufgaben Denken und »Verstehen« zu. Diese Definitionen entsprechen besser unserem normalen Sprachgebrauch.

Die Vernunft reagiert genauso wie ein Trieb. Auch sie ist eine seelische FE mit einer Lust und einer Unlust, die auf bestimmte Signale erscheinen sowie mit einer Aufgabe und einem Zweck. Sie ist mit allem ausgestattet, was zu einem echten elementaren Trieb gehört, und besitzt im Parlament der Triebe eine Stimme, jedoch keine Sonderstellung. Die Vernunft wählt das Zweckmäßige und vermeidet das Unzweckmäßige ebenso, wie der Nahrungstrieb das Eßbare vom Ungenießbaren scheidet und wie das Gewissen bemüht ist, uns das Gute und nicht das Schlechte tun zu lassen. Bieten zwei antagonistische Triebe zwei verschiedene Motive an, schlägt sich die Triebkraft der Vernunft der Triebseite zu, deren Motiv ihr zweckmäßiger erscheint.

Müssen wir Unzweckmäßiges, Unvernünftiges, Sinnloses, Unnützes tun, so widerstrebt uns das. Es ist uns unangenehm. Gibt man einem Angestellten eine Arbeit, die ihm unzweckmäßig erscheint, so wird er sie mit Unlust verrichten. Umgekehrt wird ihm eine Arbeit Lustgewinn bringen, deren Zweckmäßigkeit und Vernünftigkeit er einzusehen vermag.

Die elementaren Emotionen der Vernunft werden also deutlich als solche erlebt. Wie sonst könnten sie Lust- oder Unlust-Erlebnis sein?! Leider haben auch diese elementaren Gefühle noch keinen Namen erhalten.

Schlüssel-Signale für das elementare lustvolle Gefühl der Vernunft sind W und V, die uns zeigen, daß etwas zweckmäßig ist. Schlüssel-Signale für das elementare unlustvolle Gefühl der Vernunft sind W und V, daß etwas unvernünftig, d. h. unzweckmäßig ist.

Zählt man wie die EPS die Vernunft zu den FE, dann gilt der Satz: Alles Fühlen, Wünschen, Wollen und Handeln ist stets und nie etwas anderes als Reaktion der 36 FE der Psyche auf ihre Schlüssel-Signale. Was der Verstand und das Denken dabei bewirken, ist nur Hilfsarbeit. Alle Kraft kommt aus den Trieben. Diese lenken das Denken durch den gleichen Motivationsmechanismus, mit dem sie auch das Verhalten (Tun, Handeln, Sprechen) steuern.

Reue und Befriedigung (FE 22)

Ein Trieb (Mechanismus, FE) soll uns Menschen das wiederholen lassen, was sich als ein Vorteil zeigte, und in Zukunft vermeiden (nicht wiederholen) lassen, was von Nachteil war.

So ungefähr kann man die Aufgabe einer FE beschreiben, die mit den elementaren Gefühlen Reue und Befriedigung operiert.

W und V, die uns eigene Entscheidungen, Taten oder auch Unterlassungen zeigen, die von Vorteil für uns oder andere waren, lösen ein lustvolles Gefühl der Befriedigung aus. W und V, die uns eigene Entscheidungen, Taten oder auch Unterlassungen zeigen, die von Nachteil oder »schlecht« für uns oder andere waren, lösen ein unlustvolles Gefühl der Reue aus.

Wenn wir plötzlich die Vorstellung haben: »Verdammt, das habe ich ›unterlassen‹ oder ›verbockt‹«, wallt in uns eine quälende Emotion auf, die sogar zum Schwitzen führen kann. Die EPS nennt dieses Gefühl Reue. Es ist eine andere Emotion als das Schuldgefühl des Gewissens, das nicht nach nachteiligen, sondern nur nach bösen, anderen schadenden Taten auftritt. Reue ist auch eine andere Emotion als das Unlustgefühl, das wir erleben, wenn wir etwas als unzweckmäßig erkennen. Reue erleben wir nach verpaßten Gelegenheiten, die sich als nachteilig herausstellten oder wenn wir wahrnehmen, daß wir etwas Falsches getan haben.

Den Unterschied zwischen Schuldgefühl und Reue können wir durch die Analyse und Differentialdiagnose erkennen. Am exaktesten bestimmt man ihn durch die Schlüssel-Signale. Wie bei den meisten FE schlagen auch hier die Gefühle vom positiven, lustvollen zum negativen, unlustvollen um, wenn die Schlüssel-Signale entsprechend verändert werden. Durch diese Methode wurde auch gefunden, daß die typische Emotion Reue nicht zum Gewissen, sondern zur FE 22 gehört. Reue, Schuldgefühle und das Gefühl der Unvernunft können jedoch gleichzeitig in das Bewußtsein treten, weil eine Tat gleichzeitig als von Nachteil, anderen schadend und unvernünftig erscheinen kann. Eine Tat kann jedoch auch böse und ein eigener Vorteil sein. Dann werden Befriedigung und Schuldgefühl zusammen erlebt. Die Unterscheidung zwischen den verschiedenen Möglichkeiten nennt die EPS Differentialdiagnose.

Lesen wir einmal zum Vergleich zu dieser Psychologie eines elementaren Gefühls, was die bisherige Psychologie über die Reue zu berichten wußte. Professor H. Wenzl in seinem 1943 erschienenen Buch »Seelisches Leben, lebendiger Geist«[29]: »Gerade wenn der Geltungstrieb nicht mehr in Frage kommt, weil niemand Zeuge und Mitwisser seines Verhaltens ist, das uns nachträglich beschämt, geht die Scham über in Reue als das brennende Gefühl, es möchte dies nicht geschehen sein. Reiner kommt die Reue zum Ausdruck in dem Haß, in dem eigentlich der Effekt der Scham in den Hintergrund tritt: Wir haben den Forderungen, die wir an uns selber stellen, nicht entsprochen, aber – ein höchst eigenartiger metaphysisch interessanter Wandel – wir bekennen uns neuerdings zu diesen Forderungen und identifizieren sie mit unserem jetzigen Sein, wir sind weiter im Aufstieg zu unserem Wort, wir hätten keinen Grund mehr uns zu schämen, wenn wir Augenblickswesen wären, aber wir haben einen Grund, daß uns unser Verhalten reut, weil wir uns identisch fühlen mit dem Träger der verurteilten Tat oder Unterlassung. Die eigentlichste Sphäre der Reue ist aber die Verletzung der Forderung der Liebe durch uns. Daß wir jemandem weh getan haben, das ist es, was uns am meisten leid tut. Können wir es gutmachen, so ist es der beste Trost. Der bloße Rat nämlich, die Vergangenheit auf sich beruhen zu lassen und ihr nicht weiter nachzuhängen, ist keiner, er führt höchstens zu Verdrängungen. Denn sie ist unsere Vergangenheit, und gewiß haben wir nicht in der Vergangenheit zu leben und nicht dem Unveränderlichen als solchem nachzuhängen, sondern immer neu zu wirken, aber die Vergangenheit ist doch, sie lebt doch in uns und vergangene Schuld ist ein Gewicht. Aber sie kann uns auch gewichtiger werden lassen, reifer machen. Sie bleibt Schuld, und Ungetanes, Unterlassenes bleibt schmerzlich, wenn es ›weh‹ getan hat. Es ist die verletzte Liebe, die wir in der Reue fühlen – aber sie kann fruchtbar werden: Wenn eine Wiedergutmachung nicht möglich ist, so ist eine Selbstveränderung die einzige wirklich und wirksame Überwindung. Das ist der ›praktische‹ Sinn der Reue, wiewohl sie ihrem Wesen nach auf einen ›praktischen‹ Sinn nicht abzielt.«

Wenzl war Naturwissenschaftler und Philosoph. Über das

Gefühl der Reue vermochte er jedoch nicht mehr und nichts anderes zu bringen, als diese halb beschreibende, halb dichterische Spekulation, die selbstverständlich manches für die Reue Gültige und Bezeichnende bringt und der auch verschiedene andere Beschreibungen der Reue in der psychologischen Literatur nahe kommen.

Wenzl behauptet, daß die Reue ihrem Wesen nach auf einen »praktischen« Zweck nicht abzielt. Das gleiche wird immer wieder von Psychologen und Philosophen über die meisten Gefühle gesagt. Diese Wissenschaftler sträuben sich mit einem gewissen Fanatismus dagegen, daß Seelisches als zweckmäßig, vernünftig und rational aufgefaßt wird. Die EPS behauptet demgegenüber, daß es in der lebenden Natur überhaupt keine Einrichtung gibt, die keinen praktischen Zweck verfolgt. Nur eines praktischen Zweckes wegen konnte sie in der Evolution entstanden sein. Zu den Einrichtungen der Natur gehören auch die elementaren Gefühle. Schmerz, Hunger, Wollust, Scham haben einen praktischen Zweck, ebenso das Gefühl der Reue.

Im Wörterbuch der Psychologie [30] ist das Wort Reue nicht aufgeführt. Die deutsche Sprache sagt in Übereinstimmung mit der EPS »es reut mich, das getan zu haben«. Es sagt nur, wer eine eigene Tat als unangenehm, als nachteilig oder als schlecht getan erlebt, sie lieber nicht getan haben möchte, gewiß nicht nochmals tun würde. Wer gestohlen hat zum eigenen Vorteil, erlebt eher die Lust der Befriedigung über den Erfolg, kann jedoch trotzdem das Schuldgefühl seines Gewissens fühlen.

Heiterkeit und Depression (FE 23)

Von Psychiatern vielfach beobachtet werden die Gefühle der heiteren Stimmung und der Depression, denn sie treten beim sogenannten manisch-depressiven Irresein in gesteigerter Form auf. An diesem Irresein Erkrankte erleben abwechselnd Phasen grundlos übersteigerter Heiterkeit (Manie) und Phasen grundlos übersteigerter Traurigkeit (Depression). Der Autor dieser Arbeit hat diese Phasen selbst ausgiebig bei seinen Patienten als Psychiater beobachtet und mehrmals darüber auch publiziert. Im jetzigen Zusammenhang interessiert ihn die Krankheit jedoch nur, insoweit sie als Nachweis dafür zu dienen vermag, daß die Gefühle »Heiterkeit« und »Depression« zu ein und derselben FE gehören.

Auch normale Menschen, die nicht am manisch-depressiven Irresein leiden, können heiter und depressiv sein. Man hat noch kaum systematisch erforscht, was den Menschen heiter-froh und was ihn traurig-depressiv-niedergeschlagen macht. Auch wurde noch kaum darüber nachgedacht, welchen Sinn und welche Aufgabe solche Gefühle haben können.

Die Worte »Heiterkeit«, »heiter«, »Frohsinn«, »froh« finden wir im Wörterbuch der Psychologie[31] nicht. Unter Depression lesen wir: »Depression (depressus – niedergedrückt). Traurige, oft zugleich ängstliche Verstimmung und infolge davon Hemmung des Denkens, Wollens und Handelns«. Diese Definition ist ausgezeichnet, wenn wir von dem Hinweis auf die Angst absehen. Daß sie uns sogar die Aufgabe eines Triebes (einer FE) zeigt, hat man bisher übersehen. Die Emotion der Depression soll das Denken, Wollen und Handeln hemmen, wie wir später noch sehen werden.

Beobachtet man die normale Reaktion der Psyche und analysiert, wodurch normalerweise und bei gesunden Menschen die Gefühle Heiterkeit und Traurigkeit ausgelöst werden, so findet man die folgenden Schlüssel-Signale:

W und V, die uns bedeuten, daß es aufwärts geht, die Erfolgsaussichten und die Wahrscheinlichkeit der Wunscherfüllung groß sind oder größer werden, wir etwas gewonnen haben, lösen das lustvolle Gefühl einer heiteren, frohen Stimmung aus.

W und V, die uns bedeuten, daß es abwärts geht, die Erfolgsaussichten und die Wahrscheinlichkeit der Wunscherfüllung klein sind oder kleiner werden, wir etwas verloren haben, lösen ein unlustvolles Gefühl der Depression aus.

Wir sehen, wie diese beiden elementaren Gefühle nicht nur als Symptome manisch-depressiven Irreseins, sondern auch als polar entgegengesetzte Gefühle, die auf gleiche, doch mit positiven oder negativen Vorzeichen versehene Schlüssel-Signale im Bewußtsein erscheinen und somit als zu einer einzigen FE gezählt werden müssen.

Das positive, lustvolle Gefühl der Heiterkeit (des Frohsinns) belebt uns und beschleunigt unseren Schritt wie alle Bewegungen; das Gefühl der Depression hemmt und lähmt unseren Schritt und alle Bewegungen, wir fühlen uns wie niedergeschlagen.

Beide Gefühle bewirken, wie alle elementaren Gefühle, ein bestimmtes Verhalten. Zum Verhalten der heiteren Stimmung gehört das Belebtsein, das Beschleunigtsein, das beschleunigte Vorwärtsschreiten. Zum Gefühl der Depression gehört das Verhalten des Gelähmtseins, des Gehemmtseins, des Langsamseins, des Zagens.

Ist es nicht sinnvoll, daß wir immer dann beschleunigt vorwärts schreiten und schneller etwas tun, wenn wir wahrnehmen oder uns vorstellen, daß wir auf diesem Weg gut weiterkommen und daß wir nur gehemmt und zögernd weiterschreiten, wenn wir wahrnehmen oder uns vorstellen, daß der Weg keine guten Erfolgsaussichten bietet? Es scheint, daß wir in Urzeiten einen Mechanismus in unsere Psyche eingebaut erhielten, der diese Beschleunigung und Bremsung bewirken sollte. Wir sollten dahin gehen, wo Erfolgsaussichten vorhanden sind und von dort fernbleiben, wo voraussichtlich kein Erfolg erwartet werden kann. Wozu sonst wären diese Gefühle mit solchen Wirkungen in der Evolution entwickelt worden?!

Körper, Seele, Geist

Nach der Darstellung der FE 23, die mit den elementaren Gefühlen der Heiterkeit und Traurigkeit (Depression) »arbeitet«, ist es angebracht, zu erwähnen, daß alle FE, d. h. alle von der EPS beschriebenen elementaren zielstrebigen Mechanismen (Triebe) der menschlichen Psyche durch drei Schichten des Wesens Mensch gehen, die Schicht des Körpers, die Schicht der Seele und die Schicht des Geistes.

Sowohl Psychologen als auch Mediziner und Psychiater sprechen von diesen Schichten. Der EPS ist die Schicht der Seele, das, was auch mit Gemüt bezeichnet wird, nämlich der Bereich (das Reich, die Welt) der Gefühle, die Schicht des Geistes, der Bereich der Vorstellungen und Begriffe. Die EPS sieht die Struktur aller FE in der Materie des Körpers verankert, den Apparat (Mechanismus) der FE im Gehirn eingebaut und genetisch vorprogrammiert. Sie vermutet, daß die Gefühle entweder durch elektrische Ströme in den Ganglienzellen, wahrscheinlicher durch DNS-RNS-Informationen oder die vom Russen Speransky beschriebenen Emotions-Hormone im Bewußtsein ausgelöst werden.

Beim manisch-depressiven Irresein können die materiell-körperlichen Anteile der Gefühle krankhaft entstehen. Normal werden sie von den Schlüssel-Signalen aktiviert. Sind sie, so oder so, aktiviert, dann erscheinen im Bewußtsein die entsprechenden Gefühle und auch in der Geistschicht entsprechende Vorstellungen und Begriffe.

Diese Bestandteile der drei Schichten sind so miteinander verbunden, daß sie gleichzeitig auftreten. Dadurch kommen die folgenden körperlich-seelisch-geistigen (psycho-somatischen) Wechselwirkungen zustande:

1. Die Vorstellungen einer großen Wahrscheinlichkeit eines Erfolges, eines Gewinnes, einer Wunscherfüllung, einer Hoffnung, sind auch das, was wir optimistische Vorstellungen nennen. »Man sieht die Zukunft rosig« ist exakter ausgedrückt: »man sieht eine große Wahrscheinlichkeit der Wunscherfüllung oder der Zielerreichung«. Diese optimistische Vorstellung in der Geistschicht macht ein Gefühl der Heiterkeit und des Frohsinns. Dieses wieder belebt den ganzen Organismus und hebt den »Biotonus«.

2. Ein krankhaft oder durch Veranlagung im Blut oder Gehirn angereicherter Emotionsstoff der Heiterkeit (Manie) gibt, auch ohne psychische Ursache, ein Gefühl der Heiterkeit. Dies macht Hoffnung und optimistisch, d. h. es erweckt Vorstellungen einer großen Wahrscheinlichkeit der Zielerreichung. Es läßt die Zukunft rosig sehen und denken, daß man gute Erfolgsaussichten hat. In der Körperschicht verursacht dieses Em-Hormon einen positiven Biotonus, d. h. es erfrischt, belebt und beschleunigt die Bewegung, bewirkt gute Durchblutung und läßt durch die Belebung jünger und gesünder erscheinen.

3. Wird der Körper belebt durch Kaffee, Anregungsdrogen, Gymnastik, Massage, eine kalte Dusche, durch eine Revita-

lisierung oder Regeneration, so wird der Betreffende ebenfalls heiter und froh und kommt auf optimistische Gedanken. Er sieht die Welt rosiger als zuvor.
4. Wahrnehmungen und Vorstellungen einer geringen Wahrscheinlichkeit des Erfolges oder eines Verlustes sowie pessimistische Nachrichten und Gedanken in der Geistschicht bewirken im seelischen Bereich traurig-depressive Gefühle, im Körper senken sie den Biotonus, lähmen, hemmen, verlangsamen den Gedankengang und Schritt, schütten ein Depressions-Em-Hormon ins Blut, das durch Transfusion auf einen anderen Menschen übertragen, diesen ebenfalls traurig, niedergeschlagen und pessimistisch macht, wie Versuche ergaben.
5. Krankhaft entstandene oder angeborene Depression macht traurig, pessimistisch und niedergeschlagen, älter und krank.
6. Wird der Körper gelähmt, das Gehirn durch Drogen gehemmt, krank oder alt, so erzeugt das in der Seele traurig-depressive Gefühle und im Geist pessimistische Vorstellungen.

Hoffnung ist das Lustgefühl der FE 23 mit der Vorstellung, daß die Aussicht auf Erfolg und Wunscherfüllung größer wird oder wurde. Wir fühlen Hoffnung, erwecken Hoffnung, hoffen.

Depression ist die Unlust mit dem Erlebnis der Lähmung, das wir als Niedergeschlagenheit erleben.

Trauer ist die Unlust mit der Vorstellung des Verlustes und der Empfindung der Lähmung. Man kann auch sonst traurig sein, weil die Unlust, ohne Verlust entstanden, wie in einer Trauer erlebt wird, was besagt, daß diese elementaren Gefühle identisch sind.

Eine Enttäuschung verursacht ein Umschlagen von Hoffnung in Depression durch eine Wahrnehmung, welche anzeigt, daß das, was man erhoffte, nicht mehr erreichbar ist.

Trost spendet man, wenn man mit Worten Signale setzt, die einen Trauernden wieder hoffen lassen. Ein Trost ist eine Wahrnehmung oder Vorstellung, daß es wieder aufwärts geht oder das Abwärts oder der Verlust nicht so schlimm sind.

Der ästhetische Sinn (FE 24)

Im Gewissen erkannten wir einen ethischen Sinn. Es gibt auch einen ästhetischen Sinn, eine FE in unserer Psyche, die auf Schönheit lustvoll und auf Häßlichkeit unlustvoll reagiert. Sie bewundert das Vollkommene, Harmonische, Wohlgeordnete. Sie fördert es, ahmt es nach, sucht es zu vermehren. Sie soll den Menschen drängen, sich vom Unvollkommenen, Zerstörten, Kranken abzuwenden, es nicht nachzuahmen oder zu vermehren. Der Mensch soll sich dem Schönen nähern und ihm dienen, sich vom Häßlichen entfernen und das Häßliche von sich entfernen.

Es ist nicht so, daß der Mensch mit seinem kritischen Verstand etwas als »schön« bezeichnet und es dann erst schön findet. Das Schöne rührt ihn primär lustvoll an. Er erlebt dabei zweifelsohne ein Gefühl. Ebenso verhält es sich, wenn er Häßliches sieht. Es berührt ihn primär unlustvoll.

Die beim ästhetischen Sinn auftretenden Emotionen sind so typisch und so wenig mit anderen vergleichbar, daß sie nur eigene elementare Gefühle sein können. Wir Menschen besitzen also einen regelrechten Schönheitstrieb.

Schlüssel-Signale für ein lustvolles Gefühl der Schönheit sind W und V von vollendeten, gesunden Formen, Gestalten, Farben, Tönen und von Wesen, die nach den Gesetzen der Harmonie gestaltet und geordnet sind.

Schlüssel-Signale für ein unlustvolles Gefühl der Häßlichkeit sind W und V von etwas Häßlichem, wozu das Mißgebildete, Unvollkommene, Kranke, Zerstörte, Ungeordnete, Unharmonische gehört.

Die EPS folgert aus diesen Funktionsgesetzen die Aufgabe des ästhetischen Sinnes.

Der Bewegungsdrang (FE 25)

Einige der elementaren Triebe sind vorwiegend zur Leistung geschaffen. Wir wollen sie und ihre Gegenspieler in einer eigenen Gruppe zusammenfassen. Die Erkenntnis ihrer Bestandteile und

Gesetze ermöglicht eine neue Arbeits- und Leistungs-Psychologie.

Ein primitiver Trieb, den auch die Tiere besitzen, ist der Bewegungsdrang. Wir sehen ihn vor allem bei Kindern und bei jungen Tieren, weil sich in Kindheit und Jugend die Muskeln besonders ausbilden und trainieren sollen.

Wer nicht an die Unlust des Bewegungsdranges glaubt, braucht nur ein kleines Experiment zu machen. Er wird dann überzeugt sein, daß es sie gibt. Ist er nicht gerade müde oder krank, so versuche er, sich völlig unbeweglich nur eine Stunde auf einen Stuhl zu setzen, ohne ein Glied zu bewegen. Das wird ihm nach kurzer Zeit so unangenehm und zur Qual, daß er es kaum mehr aushalten kann. Also ist hier ein Unlustgefühl vorhanden. Und zwar ein eigenes elementares, denn es ist kein Schmerzgefühl und auch kein Neidgefühl und kein Schamgefühl.

Wir können dieses Gefühl auch bei Tieren, besonders bei jungen, beobachten. Daß ein Fohlen, das auf der Weide herumgaloppiert, Lust verspürt, ist leicht zu sehen, und zwar eine andere Lust als etwa beim Haferfressen.

Der Bewegungsdrang ist nicht direkt auf Leistung gerichtet, zumal ja auch Tiere diesen Trieb besitzen, wie das Beispiel vom Fohlen gezeigt hat. Er spielt jedoch bei der Leistung eine Rolle. Körperlichen Leistungen gibt er Kraft. Leistungen am Schreibtisch kann er behindern.

Schlüssel-Signale für das Unlustgefühl dieses Triebes sind Empfindungen, die ein zu langes Unbeweglichsein anzeigen. Schlüssel-Signale für das Wohlgefühl dieses Triebes sind Empfindungen, die vor allem nach einer Zeit der Unbeweglichkeit bei der Wiederbewegung auftreten.

Der Bewegungstrieb hat die Aufgabe, zur Bewegung zu drängen, damit die Muskulatur entwickelt wird – ein notwendiges Training.

Der Tätigkeitstrieb (FE 26)

Milliarden Menschen fühlen mehr oder weniger oft, was wir Langeweile nennen. Langeweile wird unlustvoll erlebt, ja kann sogar erheblich quälen und leiden lassen.

Ganze Industrien bemühen sich, die Unlust der Langeweile zu beseitigen oder zu betäuben. Im Wörterbuch der Psychologie[32] finden wir das Wort Langeweile nicht. Im Lexikon der Psychologie[33] lesen wir: »Langeweile ist ein psychischer Zustand, verbunden mit Monotonie der Umgebung und zu beschreiben durch negative Affekte, Verlust des Interesses, fluktuierende Aufmerksamkeit, geringen Aktivationsgrad und beeinträchtigte Effizienz bei der Arbeit.«

Es ist interessant und bemerkenswert, daß, wie wir aus der psychologischen Literatur schließen müssen, dieses so häufige, so bekannte, so viel diskutierte, im Leben, in der Kultur und in der Wirtschaft so bedeutsame, als psychische Kraft (Naturkraft) so viel bewirkende Gefühl der Langeweile weder als ein elementares Gefühl noch mit seiner Aufgabe erkannt wurde.

Die EPS erkennt in der quälenden Langeweile ein elementares Unlustgefühl, das eine besondere Aufgabe hat: Die Unlust der Langeweile soll uns ein Untätigsein so unangenehm machen, daß wir wieder tätig werden. Die EPS nennt diese FE schlicht: Tätigkeitstrieb.

Die im Lexikon der Psychologie angegebene Definition der Langeweile ist schon deshalb nicht richtig, weil gerade die Person, die einen starken Tätigkeitstrieb besitzt, am intensivsten von Langeweile gequält wird, wenn sie nicht tätig sein kann. Die Definition trifft eher auf das zu, was Langeweile auslösen kann. Ein langweiliger Mensch fühlt selbst meist wenig Langeweile, er langweilt nur seine Mitmenschen.

Schlüssel-Signale für das elementare Unlust-Gefühl der Langeweile sind W und V, die uns anzeigen, daß wir untätig sind, nicht oder zu wenig erleben, daß sich zu wenig verändert, daß das Leben nicht so recht weitergeht.

Der Tätigkeitstrieb besitzt auch ein Lustgefühl. Der Langeweile polar entgegengesetzt, nennt es die EPS das Gefühl der Kurzweil. Beide Worte wurden von unserer verständigen und in ihrer Ur-Psychologie klugen Sprache schon gut gewählt.

Verweilen wir bei einer Wanderung, auch im übertragenen Sinne, nur kurz auf Rastplätzen, fühlen wir Kurzweil, verweilen wir zu lange, fühlen wir Langeweile. Ein Weiterschreiten, viel Veränderung, Tapetenwechsel, eine flott vorangehende Arbeit, all das erscheint uns durch das Kurzweilgefühl lustvoller als ein langsames Schreiten, eine monotone, gleiche, nicht abwechslungsreiche Umwelt, ein langsames Arbeiten oder ein Nichtstun.

Langeweile ist nicht nur einfach eine »Leere« im Bewußtsein und Gehirn. Die gibt es auch. Doch diese ist weder Langeweile noch Unlust, sondern tatsächlich eine »Leere«, ein Bewußtsein ohne Inhalt oder mit nur wenig Inhalt und vor allem mit wenig Gefühlen. Die Langeweile dagegen ist deutlich erlebbar ein quälendes Unlustgefühl.

Die Langeweile drängt zu einer Tätigkeit, zu einer Beschäftigung, zu einem Erleben, zu Abwechslung und Tapetenwechsel. Das Leben soll weitergehen. Der Tätigkeitstrieb mit dem Gefühl der Langeweile ist nicht primär auf eine Leistung gerichtet. Das ist der Leistungstrieb.

Arbeit kann die Langeweile beseitigen und tut es in den meisten Fällen auch. Doch sie selbst kann auch langweilig sein, wenn sie zu eintönig ist und wenn sie zu wenig Abwechslung in das Leben bringt.

Auch das Erlebnis der Ungeduld ist nichts anderes als das Gefühl der Langeweile, bei der Vorstellung, daß es nicht weitergeht. Dazu kann Ärger wegen einer Behinderung des eigenen Strebens kommen. Wir erleben dann eine ärgerliche Ungeduld.

Jeder kann das Gefühl der Kurzweil beobachten. Um es zu fühlen, sucht er ja die Veränderung, sucht etwas zu erleben, will reisen, Abwechslung haben usw.

Heute langweilen wir uns nicht mehr, wie in Urzeiten, in einer dunklen Höhle auf dem Bärenfell und erleben auf der Jagd die Abwechslung und das kurzweilige Erlebnis. Heute sind unsere Taten hauptsächlich auf die Arbeit beschränkt, die meist eintönig, zu gleichmäßig, ohne eine Fortbewegung und ohne einen Wechsel in der Szenerie abläuft. Das empfinden wir als langweilig. Zu Hause wartet hingegen das Fernsehen auf uns, das uns ein beglückendes Nomadenleben, ein Tätigsein, ein abwechslungsreiches Erleben vorgaukeln kann. Dadurch verkehren sich unsere Gefühle; wir fühlen Kurzweil im Sessel und Langeweile bei unserer Arbeit.

Nur im Urlaub jagen und wandern wir noch und erleben die Abwechslung, nach der es uns drängt. Wir finden im Urlaub die Kurzweil, die unseren Vorfahren von der Natur (Evolution) für die Arbeit zugedacht war.

Wer heute die dem Menschen »entfremdete« Arbeit seiner Psyche besser anpassen und mehr Arbeitsfreude wecken will, muß die Arbeit mit Schlüssel-Signalen für das Gefühl der Kurzweil anreichern.

Schlüssel-Signale für das lustvolle Gefühl der Kurzweil sind W und V, die uns anzeigen, daß wir flott tätig sind, etwas erleben, daß das Leben weitergeht, daß uns eine Abwechslung geboten wird, daß wir »beschäftigt« sind. Der Trödler straft sich selbst mit Langeweile.

Der Leistungstrieb (FE 27)

Es ist nicht leicht, den Leistungstrieb als eigenen elementaren Trieb zu erkennen. Das Gefühl der Freude an der eigenen Leistung scheint im Stolz oder in der Befriedigung zu bestehen. Diese beiden Gefühle werden auch meist miterlebt, wenn die Leistung vollbracht ist. Doch was ist es, das den Künstler und den Erfinder so intensiv drängt, sein geplantes Werk zu vollenden, daß er notfalls Leiden, Hunger, Entbehrungen auf sich nimmt? Was drängt ihn so stark zu seiner Arbeit? Und was macht ihm so große Freude, wenn er an seinem Werk arbeiten kann? Schon zu einer Zeit, da er noch nicht wissen kann, ob er einmal stolz auf seine Leistung sein darf.

Man neigt immer wieder dazu, die Lust bei der eigenen Leistung für die der Befriedigung zu halten. Aber dann müßte die entsprechende Unlust Reue sein. Und das ist sie nicht. Wäre die Lust aber Stolz, so wäre die Unlust Scham. Wo bliebe dann das intensiv erlebbare Gefühl des Leistungsdranges? Was ist das so elementare Erlebnis bei der schöpferischen Leistung?

Offensichtlich haben wir es auch hier mit einem elementaren Trieb zu tun. Ein Leistungsanreiz ist es stets, dem Arbeitenden zu zeigen, daß er etwas leistet und daß seine Leistung eine Bedeutung hat. Je größer die Vorstellung von der eigenen Leistung ist, desto stärker werden der Drang und die Verlockung des Leistungstriebes.

David C. McClelland hat in seinem Buch »Die Leistungsgesellschaft«[34] diesen Trieb als »Leistungsbedürfnis« eingehend analysiert und beschrieben.

Der Leistungstrieb ist ein schöpferischer Schaffensdrang. Die Gefühle dieser Triebkraft haben noch keinen Namen erhalten. Nennen wir sie Leistungsdrang und Leistungsfreude.

Schlüssel-Signale für die Leistungsfreude sind W und V einer eigenen Leistung. Je größer die Leistung erscheint, desto größer ist die Leistungsfreude.

Schlüssel-Signale für die quälende Unlust des Leistungsdranges sind W und V der Behinderung einer geplanten und vorgestellten eigenen Leistung.

Die Müdigkeit oder der Ausruhtrieb (FE 28)

Die Chinesen und die Gestapo kannten die Foltermethode, ihre Gefangenen nicht schlafen zu lassen. Die Armen erlitten entsetzliche Qualen. Es war kein Schmerz, es war die Unlust der Müdigkeit in stärkster Quantität. Also ein Gefühl.

Es gibt aber auch eine wohlige, wohltuende, lustvolle Müdigkeit. Jeder Müde fühlt sie, wenn er ausruhen kann und sich zum Schlaf niederlegt.

Wir erkennen also auch bei dem, was wir Müdigkeit nennen, ein Unlustgefühl und ein Lustgefühl. Eine Unlust drängt uns zu etwas, eine Lust belohnt uns, wenn wir es tun. Was die Müdigkeit bezweckt und auch erreicht, kann beobachtet werden. Wir sehen in ihr einen typischen Trieb. Die EPS nennt ihn seiner Aufgabe wegen den Ausruhtrieb. Er soll zu Ruhe und Schlaf drängen, weil Ruhe und Schlaf notwendig sind.

Auch bei der Motivation spielen die Gefühle der Müdigkeit mit. Das ist ein weiterer Beleg dafür, daß sie zu einem Trieb gehören.

Die Auffassung der EPS von der Müdigkeit ist neu. In den

psychologischen Lexika kommen die Wörter »Müdigkeit« oder »müde« nicht vor. Die Müdigkeit wird heute noch als eine gewisse Trägheit des Fleisches aufgefaßt.

Als sinnvoller elementarer Trieb wird diese Kraft, die aktiv etwas will, zum Gegenspieler der Leistung. Sie sorgt aus eigenem Antrieb dafür, daß der notwendige Schlaf zur rechten Zeit herbeigeführt wird.

Die Müdigkeit verfügt auch noch über einen Müdigkeitsreflex, der automatisch zum Schließen der Lider drängt. Die Empfindung des Schwerwerdens der Lider ist ihrerseits wiederum ein Signal für das Gefühl der Müdigkeit. Auch dieser Reflex ist aktiv, denn die Lider fallen nicht durch die Schwerkraft herunter. Sie schließen sich bei starker Müdigkeit auch dann, wenn der Kopf nach unten hängt und Schwerkraft und lähmende Trägheit sie eigentlich in dieser Lage offenhalten müßten. Erst der Tod schaltet diese aktiven Kräfte aus. Darum bleiben die Augen des Toten offen.

Schlüssel-Signale für das Müdigkeitsgefühl sind Empfindungen des Müdeseins, zu denen auch die Müdigkeitsempfindungen des Auges gehören.

Schlüssel-Signale für die »wohlige Müdigkeit« sind Empfindungen, W und V des Ausruhens im Zustand der Müdigkeit.

Das Gefühl der Anstrengung oder der Schontrieb (FE 29)

Bei einer körperlichen oder geistigen Überanstrengung tritt eine spezifische Emotion der Unlust auf, die proportional zur objektiven Anstrengung wächst. Dieses Gefühl der Anstrengung ist etwas anders als die Müdigkeit oder der Schmerz, wenngleich diese Gefühle in gewissen Situationen dem Unlusterlebnis beigemischt sein können. Das elementare Gefühl der Anstrengung wacht darüber, daß wir uns nicht überanstrengen. Je größer die körperliche oder geistige Belastung, desto stärker das Gefühl der Anstrengung. Im Zustand der Müdigkeit tritt es sinnvoll schon bei geringer Belastung auf.

Auch dieses elementare Gefühl muß, so folgert die EPS, einen

Zweck (eine biologische Aufgabe) haben. Die EPS stellt die Hypothese auf: Das Anstrengungsgefühl soll dafür sorgen, daß wir uns nur für Wichtiges anstrengen und Überanstrengung vermeiden.

Das Gefühl der Anstrengung liegt bei der Motivation auf der Contraseite des Arbeitswillens. Was ist stärker? Welche Seite der Waage sinkt herab? Allein davon ist es abhängig, ob eine Arbeit oder Leistung in Angriff genommen, eingestellt oder gar nicht erst begonnen wird. Ein starkes Wollen aus vielen Trieben setzt sich auch gegen ein starkes Anstrengungsgefühl durch und wiegt es auf. Ein schwaches Wollen nicht mehr. Dadurch wird erreicht: Nur gewichtige Motive, die ein starkes Wollen aktivieren, lassen große Anstrengungen zu. So läßt uns dieser Trieb uns schonen und doch das Wichtige tun. Das ist sein Zweck.

Die Schulpsychologie kennt nur die Trägheitstheorie. »Der Wille« strengt sich gegen die »Trägheit des Fleisches« an. Das wird unangenehm empfunden, sagt man.

Die EPS sieht einen Zweck, sieht die Gefühlswaage der Motive, erkennt einen aktiven Trieb und in ihm den großen Antagonisten der Arbeit. »Arbeit ist eine unangenehme Last, die große Strafe für die Erbsünde im Paradies, der Fluch, der auf der Menschheit lastet; man arbeitet nur, weil man muß.« Das ist die Meinung vieler. Warum die Arbeit Unlust sein und als Fluch und Strafe erscheinen kann, darüber haben sie noch nicht nachgedacht. Das vermochte erst die EPS der Gefühle zu erkennen: Die elementare und an sich sinnvolle Unlust eines einzigen Triebes ist der Grund.

Schlüssel-Signale für das elementare Unlustgefühl der Anstrengung sind Empfindungen, die bei zu starker Anstrengung auftreten, bei gewissen Muskelspannungen, vielleicht auch bei einer Säureanhäufung in den Muskelzellen sowie in gewissen unbequemen Körperlagen.

Das Erleben der Unlust wird auch mit den Worten »Last«, »belastend«, »unbequem«, »Schwerarbeit«, »schleppen« bezeichnet.

Die EPS erkennt auch ein Lustgefühl der FE 29. Wir erleben es als Erleichterung in der Arbeitspause und bei der Erholung, z. B. wenn wir nach einem langen Marsch den schweren Rucksack abnehmen und uns setzen können. Dieses typische Lustgefühl, das weder Appetit noch Wollust, noch ein anderes elementares Lustgefühl ist, hat ebenfalls noch keinen Namen erhalten. Es ist ein Gefühl der Erleichterung und wird von E, W und V des Aufhörens einer Anstrengung sowie einer Ruhe, Erholung, Arbeitserleichterung und Bequemlichkeit erlebt.

Die EPS nennt die FE 29 wegen ihrer Aufgabe Schontrieb. Egoistisch und beherrschend geworden, kann dieser zu einem Bequemlichkeitstrieb werden und eine Ursache der Faulheit sein. Diese entsteht, wenn dieser Trieb bei der Motivation die für eine Leistung eintretenden Triebe überwiegt.

Die Müdigkeit zielt mehr auf Ruhe und Schlaf, das Anstrengungsgefühl mehr auf die Vermeidung einer Überanstrengung. Daß Schmerzen bei Anstrengungen und Müdigkeit mit dem Anstrengungsgefühl zusammen erlebt werden können, wurde schon erwähnt.

Ich glaube, daß diese Arbeitshypothese eine Arbeitspsychologie wesentlich fördern würde.

Im Lexikon der Psychologie[35] finden wir unter Anstrengung nur: »Psychische Anstrengung, ein Prozeß, der auf psychischer Anspannung beruht, welcher Art diese auch sei. Zum Beispiel kann bei einer Tätigkeit die A. durch Sorgen oder zwischenmenschliche Spannungen größer sein als die A. durch die Arbeit an sich. Psych. A. führt gemäß Intensität, Dauer und Verlauf der Anspannung zu den verschiedensten Graden der Ermüdung.«

Die Willenskraft oder der Überwindungstrieb (FE 30)

Im Wörterbuch der Psychologie[36] lesen wir: »Wille. Psychologisches Phänomen eigener Art, das sich nicht auf andere seelische Erscheinungen (Empfindungen, Vorstellungen, Gefühle usw.) zurückführen läßt. Der Willensvorgang ist ein energetischer Prozeß, der durch bewußte und unbewußte Motivation ausgelöst wird. Wille wird von Jung als ein dem Bewußtsein unterstellter Dynamismus aufgefaßt. Der Wille ist das Produkt aus Kultur und sittlicher Erziehung.«

Diese und auch andere in der Psychologie auffindbare Definitionen sagen sehr wenig über das Phänomen Wille und Willenskraft. Oft stellt man den Willen dem Wollen gegenüber. Das erste schreibt man mehr dem Ich und dem Verstand, letzteres mehr dem Es und der Seele zu. Klages spricht vom Geist als Widersacher der Seele. Die EPS sieht bei der Motivation nur die elementaren Triebkräfte mit ihren Emotionen wirken. Im Willen sieht sie die Zielvorstellungen der Vernunft (Zweckmäßigkeitstrieb) und dazu der FE 30 wirksam werden, im Wollen mehr die Zielvorstellungen und Gefühle anderer Triebe. Über das Wesen des menschlichen Geistes und Verstandes wird zur Zeit eine eigene elementar-psychologische Arbeit vorbereitet. Diese wird bestätigen, daß der Antrieb für alles Wollen, Handeln und auch Denken nur von den elementaren Triebkräften der hier aufgezählten FE stammt.

Die Hauptkraft dessen, was man gewöhnlich die Willenskraft nennt, ist nach der Lehre der EPS ein elementarer Trieb, den wir »Überwindungstrieb« nennen. Die klare Erkenntnis dieses Triebs und der Funktion dieser FE bringt uns in vielem erheblich weiter, sowohl in der Leistungspsychologie als auch in einer neuen, auf der EPS aufgebauten Ethik. Die EPS hat erkannt, daß es einen eigenen (elementaren, angeborenen) Trieb gibt, der Gegner, Hindernisse, eigene Schwächen, also auch Gegner in unserer eigenen Seele (bei der Motivation), besiegen soll.

Die EPS hat in diesem Trieb zugleich einen zweiten elementaren Kampftrieb entdeckt, der anders als der Abwehrtrieb (FE 6) funktioniert. Er will nicht die Vernichtung des Gegners, sondern den Sieg, seine Überwindung. Er will ihn übertreffen. Er will auch die eigenen Schwächen überwinden und die bisherigen Leistungen übertreffen. Er sagt: »Ich will«, »ich muß«, »jetzt erst recht«. Er drängt zum Sieg und zur Selbstüberwindung. Er läßt Freude bei einer Anstrengung erleben. Er ist ein recht brauchbarer und guter Antrieb zur Leistung. Er ist es, der an einer sportlichen Anstrengung Lust erleben läßt, während eine gleich starke Arbeitsanstrengung durch den Nichteinsatz dieses Triebes zumeist als eine Unlust gefühlt wird.

Schlüssel-Signale für das drängende, negative, spannende, quälende Gefühl des Überwindungstriebes sind E, W und V eines noch nicht überwundenen Gegners oder Hindernisses, auch des Nochunterliegens sowie des Überwindenmüssens der eigenen Gegentriebe und Schwäche, auch Vorstellungen, wie »ich will«, »ich muß«.

Schlüssel-Signale für das lustvolle Gefühl dieses Triebes, das wir Triumphgefühl nennen können, sind E, W und V eines Wettkampfes, einer gelingenden oder gelungenen Hindernis-Überwindung, eines Sieges, einer Selbstüberwindung, eines Rekordes.

Das Triumphgefühl bei einem Sieg, bei einer gelungenen Selbstüberwindung, beim Bezwingen eines schwierig zu erkletternden Berggipfels oder beim Tor für die eigene Fußballmannschaft kann mit dem Gefühl des Stolzes oder mit Machtgefühl gemischt sein. Aber wenn auch ein Sieg gleichzeitig eine Macht- und Werterhöhung bedeuten kann, bleibt das Lustgefühl des Überwindungstriebes doch ein eigenes Gefühl, weil es auch für sich allein oder in anderen Mischungen erlebbar ist.

Das verbissene zähe Ringen um einen Sieg, die oft etwas krampfhafte Anstrengung, das »ich will aber« und »ich muß« zeigen die Züge einer drängenden, quälenden Unlust, ein Gefühl, das noch keinen Namen hat, doch Reflexe eines Kampfes aus der Urzeit zeigt, wie Zähneaufeinanderbeißen und Muskelanspannen. Das Wollen dieses Triebes ist das, was wir Willenskraft, Energie, Selbstüberwindung oder einfach »Wille« nennen.

Das Wesen der Zufriedenheit (FE 31)

Unzufriedenheit ist eine deutlich erlebbare, typische Unlust. Zufriedene Menschen fühlen sich wohl, unzufriedene fühlen eine Qual. Worin liegt die Ursache dieser unlustvollen oder lustvollen Stimmung? Man sollte denken, daß die Psychologie über die Zufriedenheit und die Unzufriedenheit der Menschen – Phänomene, die doch zweifelsohne für die Menschheit eine enorme Bedeutung haben – einiges erforscht und an Wissen zusammengetragen habe. Schlagen wir jedoch das 1967 erschienene »Wörterbuch der Psychologie«[37] von Sury auf, so finden wir darin ebensowenig die Worte »Zufriedenheit« und »Unzufriedenheit« wie in Lehrbüchern der Psychologie. In einem großen Lexikon konnte ich diese Worte ebenfalls nicht finden, auch nicht in philosophischen Wörterbüchern. George Caspar Homans, dessen soziologisch-psychologischen Untersuchungen und Theorien 1968 in Deutschland in dem Buch »Elementarformen sozialen Verhaltens«[38] veröffentlicht wurden, widmet dagegen ein ganzes Kapitel seines Buches der »Zufriedenheit« und zeigt darin auch einige Formeln. Das Ergebnis seiner Untersuchungen faßt er in den folgenden Sätzen zusammen: »Zufriedenheit ist eine komplizierte Sache. Sie bildet eine Form verbalen Verhaltens... Die Zufriedenheit eines Individuums ist um so größer, je größer der Betrag ist, den es davonträgt, und zugleich ist sie um so geringer, je mehr es noch begehrt.«

Das ist gut beobachtet. Doch Homans weiß noch nichts von den elementaren Gefühlen.

Die EPS fand ein eigenes elementares Seelenorgan, eine FE, die die elementaren Gefühle Zufriedenheit und Unzufriedenheit erleben läßt. Sie entdeckte einen höchst interessanten Mechanismus, dessen Aufgabe wir erkennen, wenn wir die Signale, welche diese Gefühle hervorrufen, betrachten.

Schlüssel-Signale für das lustvolle Gefühl der Zufriedenheit sind W und V, die uns bedeuten, daß wir erreicht haben, was wir erreichen wollten oder daß unsere Wünsche erfüllt wurden.

Wir erkennen einen zweckmäßigen Trieb, der uns helfen und dazu noch besonders antreiben soll, zu erreichen, was wir uns vorgenommen haben und wünschen. Gewiß erlebt jeder einzelne Trieb bei der Erfüllung seines Strebens seine spezielle Lust. Doch hier sehen wir eine zusätzliche ordnende, regulierende Kraft mit eigenen Gefühlen.

Die elementaren Gefühle Zufriedenheit und Unzufriedenheit sind wesentliche Bestandteile dessen, was wir Glücklichsein und Unglücklichsein nennen.

Heute wird vielfach, meist zu politischen Zwecken, Unzufriedenheit absichtlich erzeugt, um damit herrschende Systeme angreifen zu können. Um das zu erreichen, setzt man die entsprechenden Schlüssel-Signale, tut so, als habe die Masse nicht erreicht, was sie erreichen will, und macht ihr vor, daß sie etwas erreichen will, was sie nicht erreichen kann. Daß man damit der Masse großes Leid in der Form unglücklich machender Unzufriedenheit zufügt, stört die Unzufriedenmacher, z. B. auch in Entwicklungsländern, nicht.

Die EPS kann diese Zusammenhänge durchleuchten und damit auch demonstrieren, wie man eine »Gesellschaft von morgen« zufriedener und damit glücklicher machen kann, indem sie zeigt, welche Schlüssel-Signale dazu gesetzt werden müssen.

Die Neugierde (FE 32)

Beim Menschen und bei einigen Tieren ist ein Trieb zu beobachten, den man Orientierungs- oder Wissenstrieb oder einfach Neugierde nennen kann. Der Zweck dieser elementaren Triebkraft ist eindeutig zu erkennen. Die Orientierung in der Umwelt, beim kultivierten Menschen die Aneignung von Wissen, die Kenntnis des Neuen, das sich ereignet hat, ist eine biologisch notwendige Aufgabe. Wer sich in der Evolution am besten orientiert hatte, besaß größere Überlebenschancen.

Diesem Trieb entspringt eine gespannte, quälende Neugierde oder eine Lust, die wir erleben, wenn wir staunend Neues erfahren. Die Emotionen sind typisch, elementar, angeboren und nicht mit anderen Unlust- oder Lust-Gefühlen identisch.

Schlüssel-Signale für die quälende, gespannte Neugierde sind W und V, die uns bedeuten, daß wir etwas uns wichtig Erscheinendes noch nicht wissen.

Schlüssel-Signale für ein lustvolles Gefühl des Staunens und Interesses sind W und V eines neuen Wissens, einer Aufklärung, vor allem einer Kenntnis dessen, was wir wissen wollen.

Das Lustgefühl dieses Triebes ist auch als Sensationslust bekannt. Die gesamte Nachrichten-Industrie lebt von diesem Lustgefühl. Ohne quälende Neugierde und lustvolles Interesse wären die Auflagen der Zeitungen, der Illustrierten und der meisten Bücher nicht halb so hoch.

Je nach dem Wissen, das ein Mensch sucht und an dem er Gefallen findet, bezeichnet man seine Begierde als Neugier, Sensationshunger, Wissensdurst oder Erkenntnisdrang.

Was einen Unterricht lustvoll machen kann, sind die Gefühle Kurzweil durch Abwechslung und staunendes Interesse durch

Wahrnehmungen von etwas interessantem Neuen. Wer einen Unterricht interessant machen will, wird erst Neugierde wecken und dann diese Neugierde befriedigen. Dazu wird er dem Zuhörer klarmachen, daß das Neue für ihn äußerst wichtig ist.

Die Logik (FE 33)

Während der Wissenstrieb mit dem Gefühl der Neugierde Erfahrungen und Wissen sammeln will, ist die FE Logik als ein eigenes Seelenorgan dazu da, das Wahre zu finden und das Wahre vom Falschen zu trennen.

Wir erfahren auch Lügen und Irrtümer. Es war daher nötig, daß die Natur ein eigenes Seelenorgan schuf, welches das Wahre vom Falschen trennen kann. Ohne dieses Seelenorgan wären wir beständig falsch, erheblich falsch orientiert, würden irren, uns verirren und verwirren sowie aus falschem Wissen heraus Falsches tun. Logik und Vernunft ermöglichen uns, das Richtige und Zweckmäßige zu wählen.

So wie unser ästhetischer Sinn oder Schönheitstrieb die Schönheit elementar gefühlsmäßig erlebt, so erlebt die Logik einen Widerspruch zuerst an einem Widerspruchsgefühl. Das geht schnell. Zwei im Bewußtsein auftauchende sich widersprechende Vorstellungen lösen automatisch das unlustvoll erlebte Widerspruchsgefühl oder Gefühl des Zweifels aus. Der Verstand braucht viel länger, einen Widerspruch zu entdecken. Seine Arbeitszeit könnte man kaum jemals abwarten. Wieder drängt sich uns der Vergleich mit dem zweiten Nahrungstrieb auf. Er fühlt sofort, was eßbar ist. Die chemische Analyse der Nahrung würde erheblich länger dauern. Unsere Gefühlsautomatismen arbeiten also erstaunlich sinnvoll und rationell.

Das Widerspruchsgefühl oder Zweifelsgefühl zeigt uns nicht nur einen Widerspruch an, sondern quält uns auch, bis wir ihn aufdecken. Es quält und drängt uns und zeigt damit eindeutig den Charakter eines Unlustgefühles und Triebes. Das positive Lustgefühl erleben wir, wenn ein »Schluß« vollzogen, zwei Vorstellungen übereinstimmen, etwas kombiniert, entdeckt, erfunden, gefunden, wiedererkannt wurde. Stets spielen hier zwei

Wahrnehmungen oder Vorstellungen mit, die übereinstimmen bzw. sich bestätigen müssen. Das Rätselraten kultiviert dieses Lustgefühl. Das Rätsel zeigt das Unbekannte, das, was noch einen Widerspruch in sich birgt. Die Lösung des Rätsels ruft Lust hervor. Ein nettes Spiel zur Befriedigung und Übung unseres Logik-Organs.

Schon beim kleinen Kind sehen wir ein Aufleuchten der Augen, wenn es das Verlorene widerfindet. »Guck, guck da...« Oder wenn es einen Menschen oder ein Tier wiedererkennt oder ihm im Bilderbuch die Übereinstimmung zwischen einem Tierbild und dem gefundenen richtigen Namen des Tieres einleuchtet. Das sind schon erste Gefühle der Logik.

Schlüssel-Signale für das quälende Widerspruchsgefühl sind W und V sich widersprechender W und V. Ein Widerspruch, ein Zweifel, eine Lüge, ein unaufgeklärtes Rätsel, ein Fehler, den wir nicht aufdecken können, quält uns primär, eben durch diese elementare Unlust.

Schlüssel-Signale für das lustvolle Übereinstimmungsgefühl sind sich bestätigende W und V. Haben wir die Wahrheit nach einem Zweifel gefunden, ein Rätsel gelöst, etwas kombiniert oder erschlossen, einen Irrtum aufgedeckt, erleben wir dies angenehm.

Diesen Trieb könnte man Wahrheitstrieb nennen, weil er triebhaft die Wahrheit sucht. In einer eigenen Arbeit über den menschlichen Geist und Verstand wird die Funktion der Logik exakter beschrieben werden. Hier sollte nur gezeigt werden, daß auch diese FE wie ein Trieb und Mechanismus mit typischen elementaren Gefühlen reagiert.

Der Mitteilungsdrang (FE 34)

Viele fühlen sich in einer Gesellschaft, zu der sie eingeladen waren, dann am wohlsten, wenn sie sich selbst einmal so richtig aussprechen können. Also muß es ein besonderes Lustgefühl beim Sichaussprechen geben. Auch dieses Gefühl hat noch keinen Namen erhalten. Ebenso das beunruhigende, quälende, drängende Gefühl, das uns ergreift, wenn wir eine große Neuigkeit wissen, die wir einem anderen mitteilen möchten, aber noch nicht mitteilen können. Wir erleben es auch dann, wenn wir ein Geheimnis hüten sollen, einem anderen nicht das erzählen dürfen, was gerade für ihn oder überhaupt eine große Neuigkeit wäre oder was uns selbst stark bewegt und das wir deshalb mitteilen möchten.

Der Wissenstrieb und der Mitteilungstrieb zweier Menschen ergänzen einander. Der eine will hören, der andere erzählen. Jeder schenkt dem anderen zugleich eine Lust. Ein herrliches Zusammenspiel zweier Triebe, eine typische Symbiose im psychischen Bereich, wie bei der Liebe.

Der elementare Mitteilungsdrang drängt uns dazu, anderen Neues mitzuteilen. Ein solcher Trieb ist von biologischem Vorteil für die Gemeinschaft oder Art.

Schlüssel-Signale für den quälenden Mitteilungsdrang sind W und V davon, daß ein anderer noch nicht weiß, was wir selbst schon wissen.

Schlüssel-Signale für die Mitteilungsfreude sind W und V einer Mitteilung von Neuigkeiten.

In der Klatschsucht sehen wir eine spezielle Form dieses Mitteilungsdranges.

Der Nachahmungstrieb (FE 35)

Es ist bekannt, daß es bei Tieren und Menschen einen Nachahmungstrieb gibt. Dieser Trieb läßt das junge Tier und das Kind die meisten Bewegungen und Verhaltensweisen durch Nachahmung der Eltern erlernen. Er bringt die Menschen einer Gesellschaft zum Gleichklang. Ohne ihn wäre eine gesellschaftliche Ordnung unmöglich. Mode und Geschmack sind dem Nachahmungstrieb unterworfen oder unterwerfen sich diesem.

W und V gewisser zur Nachahmung reizender Taten lösen einen quälenden Drang zur Nachahmung aus. W und V der Nachahmung und Gleichschaltung bewirken ein lustvolles Gefühl. Beide Gefühle haben noch keinen Namen erhalten.

Am Nachahmungstrieb sehen wir, daß es der EPS noch nicht voll gelungen ist, jedes Gefühl, jeden Trieb, jede FE deutlich in seinem Mechanismus sichtbar zu machen. Fünf FE konnten nicht exakt beschrieben werden. 31 FE sind deutlich in ihrem ganzen Mechanismus erkennbar. Weitere acht FE faßte die EPS als »animalische Triebe« zusammen, da sie für unsere Psyche und eine Psychologie zu unbedeutend, zu animalisch sind. Sie müssen jedoch erwähnt werden, weil auch ihre Gefühle in das Bewußtsein treten, bei der Motivation eine Rolle spielen und beim bewußten Handeln mitwirken können.

Die animalischen Triebe (FE 36)

Einige »animalische Triebe« sind für körperliche Bedürfnisse da, die im Leben auch befriedigt werden müssen und zeitweise ein bewußtes Mittun des ganzen Menschen erfordern. Deshalb blieb der Natur nichts anderes übrig, als ihnen ebenfalls Gefühle und ein Mitspracherecht zu geben, während die meisten körperlichen Funktionen voll unterbewußt bleiben.

Es ist höchst sinnvoll eingerichtet, daß unser Bewußtsein nicht von den Körperfunktionen belästigt wird, denn das bewußte Ich hat Besseres zu tun und muß für das Wichtige freigehalten werden. Deshalb machen sich diese Funktionen nur da bemerkbar, wo es nötig ist, daß wir handeln, uns fortbewegen, wo hingehen, z. B. auf die Toilette.

Unter die animalischen Triebe hätte man auch den Nahrungstrieb, den Durst, Schmerz, den Ekel und den Bewegungsdrang einreihen können, um hier alle Triebe zusammenzufassen, welche auch den Tieren gegeben sind.

Animalische Triebe, unter FE 36 zusammengefaßt, sind:

FE 36/1: Der Atemdrang. Wenn auch das Atmen zumeist unbewußt abläuft, so können wir doch auch bewußt atmen. Wir verspüren den Atemdrang oder die Atemnot als eine Unlust und Qual, wenn wir bewußt für mehr Luft sorgen sollen.

FE 36/2: Der Urindrang. Seine quälende Unlust und die befreiende Lust kennt jeder. Dieser Trieb kann zeitweise das ganze Denken, Wollen und Tun beherrschen. Wir kennen auch seine erlösende Lust.

FE 36/3: Der Stuhldrang. Er funktioniert wie der Urindrang. Seine Gefühle sind jedoch andere, stets aber mit den Signalen, den das Gefühl auslösenden Empfindungen so gemischt, daß sie nur als Gefühlsempfindung erlebt werden.

FE 36/4: Der Juckdrang. Er kann uns sehr quälen. Diese Unlust wurde sogar schon zur Folter benutzt. Wenn es juckt, weil Ungeziefer auf unserer Haut ist, sollen wir etwas tun, nämlich uns kratzen, um es zu entfernen. Also mußte auch hier das Bewußtsein eingeschaltet werden. Es gibt Menschen, die beim Kratzen Lust erleben.

FE 36/5: Der Erwärmungstrieb. Empfindungen von Unterkühlung verursachen die Unlust des Frierens, das uns in die Wärme oder zum Erwärmen treibt. In der wiedererlangten Wärme erleben wir das Lustgefühl der »wohligen Wärme«. Das Wohlgefühl in der wärmenden Sonne gehört bei manchen zur wichtigsten Urlaubsfreude.

FE 36/6: Der Abkühlungstrieb. Empfindungen einer Überwärmung lösen ein unangenehmes Hitzegefühl aus. Die Abkühlung beschert uns die Lust der »wohligen Kühle« und Erfrischung.

FE 36/7: Das Gefühl der Übelkeit. Es soll uns drängen, den Magen zu entleeren, wenn er Gift oder sonst Ungenießbares oder Krankmachendes enthält.

FE 36/8: Das Krankheitsgefühl. Eine Unlust, die keines der anderen Unlustgefühle ist, soll uns zwingen, bei einer Krankheit uns zu legen und nichts zu tun. Die Unlust läßt dem Tatwollen »widerstreben«, falls dieses nicht noch gewichtiger als diese Unlust ist.

Mit der Beschreibung der animalischen FE ist der Kreis der Triebe geschlossen.

Die Motivation

Eine Hauptaufgabe des Bewußtseins ist es, Erfahrungen der Vergangenheit als reproduzierbare Vorstellungen in Gegenwartssituationen mitwirken zu lassen. Eine weitere Aufgabe des Bewußtseins ist die Motivation. Bei der Vielzahl der Triebe darf nicht jeder nach seiner Reizung durch Schlüssel-Signale zur Auswirkung (Handlung) kommen. Die Natur mußte ein Auswählen und Abwägen erfinden. Der Mensch sollte jeweils das Wichtigste und unter Hinzuziehung seiner Vernunft möglichst das Zweckmäßigste tun. Die Triebe mit ihrem Drang und ihrer Verlockung, mit ihrer Unlust und Lust müssen ihr oft entgegengesetztes Wollen in eine gemeinsame Waagschale werfen, wo sie in einem Pro und Contra abgewogen werden müssen. Das geschieht im Bewußtsein.

Nach der EPS sitzen die 36 Triebe wie die Abgeordneten eines Parlaments zusammen. Wird eine Tat erwogen, so wird das Pro und Contra von den beteiligten Triebkräften eingebracht und abgewogen und zwar mit dem Gewicht des ausgelösten oder für die Tat zu erwartenden Gefühls. Die Entscheidung zwischen den verschiedenen Motiven kann blitzschnell oder langsam getroffen werden. Wenn der Befehl erteilt wird, weitere Vorstellungen aus dem Gedächtnis heranzuholen, so bedeutet dies eine Verzögerung der Entscheidung. Man beginnt zu überlegen und nachzudenken. Die Motivation steuert das Verhalten. Alle Energie und alles Wollen stammt von den elementaren Triebkräften, den einzelnen FE der Psyche.

Die elementaren Bedürfnisse der Menschen

Die elementaren Triebe bestimmen die elementaren Bedürfnisse der Menschen. Höhere Bedürfnisse nennen wir Werte.

Wir müssen elementare, dem Menschen angeborene Bedürfnisse von komplexen Bedürfnissen unterscheiden. Durch Lernen, Nachahmen, Gewöhnen, Prägen, Einfahren von Verhaltensweisen, entstehen komplexe Bedürfnisse, deren Elemente und Kräfte jedoch aus elementaren Bedürfnissen stammen. Ausruhen, Bewegung, Abwechslung-Suchen sind elementare Bedürfnisse. In-Italien-sich-Erholen, das ist zu einem komplexen Bedürfnis von Millionen Deutschen geworden.

Die Natur hat den Menschen so eingerichtet, daß er das, was er zum Überleben und für eine biologische Ordnung tun soll, lustvoll, was er vermeiden soll, unlustvoll erlebt. Zu dieser Steuerung hat die Natur die elementaren FE mit ihren Gefühlen erfunden, so wie sie für die Blutzirkulation das Herz und zur Wasserausscheidung die Niere erfunden hat.

Was die Natur mit einem elementaren Triebmechanismus und dessen Gefühlen erstreben oder vermeiden läßt, ist dem Menschen ein elementares Bedürfnis. Nur die Gefühle machen etwas angenehm oder unangenehm. Was den Menschen angenehm oder unangenehm ist, sind Schlüssel-Signale, die Gefühle auslösen.

Die Funktionen des Verstandes

Wenn die EPS behauptet, daß alles Denken, Wollen und Handeln von den elementaren Gefühlen und ihren zielstrebigen Mechanismen und damit eigentlich voll-automatisch und instinktiv gesteuert wird, so steht das im Widerspruch zu der allgemeinen Meinung, daß der Mensch im Gegensatz zum Tier vorwiegend von seinem Verstand geleitet wird.

Es liegt nahe, zu fragen: Wo bleibt in der elementar- psychologischen Lehre der menschliche Geist? Ist die EPS nicht eine reine Seelenlehre, Gemütslehre, reine Emotionspsychologie? Wo bleibt der Faktor des erlernten Verhaltens? Während eine psychologische Richtung fast alles Psychische auf Erlerntes, von den Menschen und ihrer Kultur Geprägtes zurückzuführen versucht, führt die EPS plötzlich alles Verhalten, alles Fühlen, Denken, Wollen, Wünschen, Handeln auf angeborene Mechanismen zurück. Ist nicht beides wirksam? Wo bleibt der freie Wille des Menschen?

All diese Fragen sind der EPS wohlbekannt. Trotzdem bleibt sie dabei, daß alles Tun von den von ihr dargestellten Mechanismen bewirkt wird und daß es davon keine Ausnahme gibt. Nachdem sie die Logik und Vernunft als elementare Triebkräfte eingliedern und zeigen konnte, daß auch sie nur ganz schlicht auf ihre einfach darstellbaren Schlüssel-Signale reagieren, war der Kreis geschlossen.

Der Verstand ist für die EPS eine Fähigkeit, ein Werkzeug, auch ein Organ der Psyche, das jedoch bei der Motivation keine Kraft besitzt.

Der Verstand kann:
1. Wahrnehmungen im Gedächtnis speichern
2. Wahrnehmungen, Erfahrungen, Wissen in Begriffen katalogisieren
3. Wahrnehmungen, Erfahrungen, Wissen als Vorstellungen aus dem Gedächtnis reproduzieren
4. Vorstellungen kombinieren und damit denken.

Der Verstand denkt, so wie die Beine gehen. Beide Male kommt der Antrieb aus den elementaren Triebkräften.

Da angelernte und angelesene Vorstellungen als mitwirkende Schlüssel-Signale im Bewußtsein auftauchen, spielen sie selbstverständlich eine große und bedeutende Rolle. Darin erschöpft sich die Mitwirkung des Verstandes, des Geistes, des Erlernten. Eine andere ebenso bedeutende Rolle beim Verhalten spielen erlernte, eingefahrene komplexe Verhaltensweisen. Alles das widerspricht in keiner Weise dem, was über die Steuerung des Verhaltens durch die dargestellten elementaren FE der Psyche ausgesagt wurde.

Elementare Psycho-Therapie

Die EPS lehrt, daß die von ihr dargestellten Funktionseinheiten und elementaren Emotionen Naturkräfte und daß die Gesetze, nach denen sie reagieren, Naturgesetze sind. Man tut gut daran, sie zu beachten, wenn man diese Kräfte sinnvoll lenken und beherrschen sowie die Umwelt und das zukünftige menschliche Verhalten der menschlichen Psyche mit ihren elementaren Gefühlen und Reaktionen zum Wohle einer zukünftigen Gesellschaft anpassen will.

Die EPS geht davon aus, daß die von ihr dargestellten elementaren Kräfte und Funktionseinheiten der Psyche uns Menschen angeboren sind wie unsere Organe. Wir besitzen sie und müssen mit ihnen auskommen, ob wir wollen oder nicht. Je mehr, besser und exakter wir sie erkennen, desto besser kann die Anpassung gelingen.

Wer in Zukunft nicht nur das Verhalten der Menschen, die Reaktionen ihrer Psyche, ihre Wünsche, ihr Verlangen, ihr Streben sowie die Möglichkeiten eines besseren psychischen Wohlergehens und Zusammenlebens studieren, sondern auch verbessern will, sollte die EPS studieren und die Lehrsätze der EPS mit dem vergleichen, was gegenwärtig alles über die Emotionen und Reaktionen der menschlichen Psyche gelehrt wird.

Heute will der Mensch mit Milliardenaufwand die Sterne erforschen. Das Wichtigste für ihn, seine eigene Psyche, kennt er nicht. Viele haben darüber noch Anschauungen, die der medizinischen Wissenschaft des Mittelalters gleichen. Dabei ist die Psyche so einfach zu erforschen, weil jedermann täglich die von der EPS gelehrten Funktionsgesetze an sich und seinen Mitmenschen ohne großen Aufwand nachprüfen kann.

»Die Seele ist kein nebuloses Gebilde mehr, sondern hat wie der Körper Organe, die exakt erforscht werden können«, urteilte Professor Lampert über die EPS in einer Besprechung über das Buch »Die Gefühle« in »Erfahrungsheilkunde«[39].

Professor Helmut Klages, Dozent für Soziologie an der Freien Universität Berlin, urteilte in einem Brief an den Verfasser: »Die psychischen Reaktionen sind plötzlich einfach darstellbar und durchsichtig geworden. Mit dieser Psychologie komme ich viel besser zurecht als mit der Lehre Freuds.«

»Die Elementar-Psychologie bringt Ordnung in eine zukünftige psychologische Forschung. Dem einzelnen vermag sie mehr psychische Gesundheit, einer neuen Gesellschaft wieder einen psychischen Halt zu geben, denn die psychischen Funktionen zeigen sich als zweckmäßig. Emotionen haben eine Aufgabe und das Leben zeigt wieder einen Sinn«, hieß es in einer Besprechung der »Zeitschrift für Biochemie«.

Man erforschte die Naturkräfte und ihre Gesetze. Dadurch wurde unsere Technik möglich. Die Erforschung elementarer psychischer Kräfte und ihrer Gesetze wird etwas möglich machen, was wir Psycho-Technik nennen können, ein besseres Beherrschen psychischer Kräfte zum Nutzen der Menschen.

Kennen wir die elementaren psychischen Kräfte und Reaktionen, so sind wir besser in der Lage, ungünstige Einwirkungen von ihr abzuhalten und unsere Umwelt davon zu reinigen. Wir kommen damit zu einer elementaren Psychohygiene.

Die EPS ermöglicht dazu eine neue, elementare Psychotherapie. Es ist selbstverständlich, daß man erst die gesunde, normale

Funktion kennen muß, um eine kranke, entartete Funktion beurteilen und wissen zu können, wie sie in eine normale umgewandelt werden muß. In der Medizin ist es notwendig, Anatomie und Physiologie zu studieren, bevor man Therapie betreibt. Bisher betrieb man Psychotherapie, ohne die elementaren Strukturen und Reaktionen der Psyche erkannt zu haben.

Die EPS macht es möglich, eine neue Psycho-Therapie auf exakten Kenntnissen über die Strukturen und Reaktionen der Psyche aufzubauen.

Eine elementare Psycho-Therapie besteht bereits darin, die elementaren Kräfte der Psyche und ihre Reaktionsweisen zu studieren. Wer weiß, wie eine elementare FE funktioniert, auf welche Signale sie anspricht und vor allem auch weiß, wozu sie reagiert, wird erkennen, was bei ihm selbst, bei einem Mitmenschen oder einem Patienten falsch, ungesund reagiert und unnötig Unlust erzeugt, und was nicht mit der normalen, auf die natürliche Aufgabe ausgerichteten Funktion harmoniert.

Es ist wahrscheinlich, daß das Erkennen der biologisch-sozialen Aufgaben der Emotion allein schon weitgehend heilend wirkt. Wer einen Sinn hinter seinen Emotionen und Reaktionen sieht, hat mehr psychischen Halt als wer seine Emotionen, ja sein ganzes Leben wie ein Existentialist oder Nihilist für sinnlos hält.

Es ist hier nicht der Platz, eine elementare Psycho-Therapie zu skizzieren. Nur einige Beispiele sollen Mögliches zeigen: Wer weiß, warum ihn die Unlust der Langeweile quält, wird besser eine Tätigkeit oder Umwelt finden können, die ihm Kurzweil statt Langeweile schenkt. Er muß nur die Aufgabe und die Signale seiner Unlust oder möglichen Lust erkannt haben.

Wer weiß, wozu ihn eine Angst irritiert und nach den entsprechenden Signalen einer Bedrohung sucht, wird leichter seine Angst ausschalten oder verkleinern können.

Wer weiß, daß Ärger (Wut, Gereiztheit) stets zwei Ursachen hat: Die Frustration eines Strebens und das Streben, das frustriert wird, erkennt, daß er viel Ärger selbst vermeiden kann, wenn er aufhört, gerade immer das zu erstreben, was doch wieder frustriert werden wird.

Wie man Patienten von einem chronischen Ärger heilen kann,

mag ein Fall aus der Praxis zeigen: Eine pensionierte Lehrerin schlief täglich bis zehn Uhr morgens, bzw. wollte so lange schlafen. Doch täglich um sieben Uhr begann der Lärm in ihrem Haus. Der Milchmann klapperte im Hof mit seinen Kannen, der Briefträger ließ den Briefkastendeckel mit lautem Krach zuschnappen, Kinder spielten vor dem Fenster. Das alles bedeuteten Störungen des Strebens zu schlafen und alles löste Ärger aus. Diese Frau ärgerte sich zwei Jahre lang fürchterlich. Ich lernte sie kennen, weil sie von mir ein schweres Schlafmittel verlangte und Oropax zum Abschluß der Ohren gegen den Lärm am Morgen. Doch auch das half nicht viel. Der Fall war typisch dafür, daß ein Ärger bestehen bleibt, weil man die Ärgerursache nicht abstellen kann. Die oft beschimpften Milchmänner, Briefträger und Kinder lachten darüber.

Warum dachte diese Frau, die durch ihren täglichen Ärger leidend wurde, nicht an den zweiten Ärgererreger, der zum ersten gehörte und ohne den der erste völlig unschädlich geworden wäre? Warum griff sie ihren Ärger nicht bei ihrem gestörten Streben an? Mein Rat war für sie das Ei des Kolumbus. »Legen Sie sich zwei Stunden früher schlafen und stehen Sie um acht Uhr auf oder streben Sie danach, um acht Uhr aufzuwachen! Sie können ja dann im Bett lesen, wenn Sie noch im Bett bleiben wollen.« Dazu erklärte ich ihr den Mechanismus ihres Ärgers.

Nach zwei Jahren des Sichärgerns tat sie es und war über Nacht von ihrem Ärger befreit. Sie wollte jetzt zwischen sieben und acht Uhr erwachen, und das Klappern des Milchmannes war keine Ärgerursache mehr, sondern ein froh aufgenommener Beitrag zur Erfüllung ihres Wunsches, um acht Uhr aufzustehen.

Wer weiß, daß er mehr Freude im Leben hat, wenn er vieles bewundert und achtet als wenn er abwertet und verachtet, wird leichter eine bessere Einstellung zu seinen Mitmenschen und seiner Umwelt finden.

Wer weiß, daß es nicht Penisneid, Kastrationsangst, frustrierter Sexualtrieb oder etwas Ähnliches ist, was ein Kind leiden läßt, wenn ihn ein Geschwister oder der Vater von der Mutter irgendwie vorgezogen erscheint, sondern quälende Eifersucht, die Neid ist, wird von Kindern diese Leid und Neurose erzeugenden Neid-Signale fernzuhalten versuchen und nicht unnötige antiautoritäre Experimente machen oder den Sexualtrieb vorzeitig erwecken.

Eine neue Wissenschaft

Dieses Buch konnte und sollte nur ein kurzgefaßter Grundriß der neuen Wissenschaft Elementar-Psychologie sein. Diese Wissenschaft bedarf des Ausbaus und der Ergänzung. Mit der Kenntnis der dargestellten elementaren Mechanismen der Psyche wird man manches in einigen Teilgebieten der Psychologie anders verstehen und aufbauen können.

Eine Arbeits-Psychologie wird die elementar-psychologischen Erkenntnisse der Leistungstriebe und ihrer Antagonisten, vor allem auch die neuen Erkenntnisse vom Wesen und der Aufgabe des Gefühls der Anstrengung verwerten können, eine Psychagogik wird dem Unterricht mehr Anziehungskraft durch den Einbau von Signalen der Kurzweil und des spannenden Interesses verleihen können. Die Werbe-Psychologie wird einen Katalog der Worte aufstellen können, die Signale für die gewünschten Emotionen sind, denn die EPS kann nun systematisch darstellen, welche Signale die einzelnen Emotionen auszulösen vermögen.

Futurologen werden durch die EPS wissen, was man tun kann, um Menschen der Zukunft glücklicher und zufriedener zu machen. Sie haben nur alles, was den Menschen der Zukunft angeboten wird, daraufhin zu untersuchen, welche Schlüssel-Signale es für Glück oder Leid bringende Gefühle enthält.

Man wird also einiges aus der EPS, wie sie in diesem kurzgefaßten Grundriß gezeigt wurde, an neuer Psychologie entwickeln können; dafür einiges aus früheren Psychologien über Bord werfen müssen.

Ein Leser meines Buches »Die Gefühle«[40] sagte: »Wenn nur zehn Prozent des Dargestellten Wahrheit ist, dann kann die Psychologie schon viel daraus profitieren.«

Ich nehme an, daß weit mehr als zehn Prozent Wahrheit ist, d. h. experimentellen Nachprüfungen standhält und keinen Widerspruch durch Gegenbeweise findet; denn die hier geschilderten Erkenntnisse wurden bereits über dreißig Jahre von vielen Psychologen und auch anderen, die Emotionen beurteilen können, sowie Medizinern und Psychiatern überprüft. Es wurden keine Gegenbeweise aufgeführt. Kleinere Änderungen und Ergänzungen wurden selbstverständlich laufend auf Kritiken hin vorgenommen.

Ich bin mir bewußt, daß dieser Grundriß erst der Anfang einer neuen Wissenschaft ist. Mein Wunsch ist, daß er Anlaß wird, diese EPS weiter aufzubauen. Wenn nur einige Erkenntnisse mehr aussagen, als bislang bekannt war, hat dieses Buch eine wichtige Aufgabe erfüllt.

Die bedeutendste Entdeckung der EPS war, daß es elementare Gefühle (Emotionen) gibt, die elementare Aufgaben haben, auf die sie die Evolution ausgerichtet hat.

Während der Korrektur dieses Textes erschien von J. Eibl-Eibesfeldt das Buch »Der vorprogrammierte Mensch. Das Ererbte als bestimmender Faktor im menschlichen Verhalten«[41]. Eibl-Eibesfeldt bestätigt und untermauert die Anschauungen der EPS dadurch, daß er ebenfalls beweist, daß vieles am menschlichen Verhalten angeboren und allen Menschen eigen ist, auch wenn sie keinerlei Verbindung miteinander hatten oder blind und taub geboren wurden, ihr Verhalten also nicht erlernen konnten.

Ich bitte jeden Leser, das in diesem Grundriß Geschilderte immer wieder mit dem im Leben Beobachtbaren zu vergleichen. Auch möge er es an dem prüfen, was andere Psychologien dazu sagten. Ich bitte ihn, sich erst nach einer längeren Beobachtung und längerem Vergleich ein endgültiges Urteil zu bilden. Dann bin ich für das Urteil eines jeden dankbar.

Literaturverzeichnis

1 Fritz Wiedemann: Die Gefühle, Heidenheim 1969
2 Heinrich Lampert, in: Erfahrungsheilkunde, München 1961
3 Friedrich Grossart: Gefühl und Strebung, München 1961
4 S. Strasser: Das Gemüt, Freiburg 1956
5 Ernst Heinrich Bottenberg: Emotionspsychologie, München 1972
6 ebd.; S. Strasser, a.a.O.; Arnold-Eysenck-Meili: Lexikon der Psychologie, Freiburg 1972
7 ebd.
8 ebd.
9 Arnold-Eysenck-Meili, a.a.O.
10 Ernst Heinrich Bottenberg, a.a.O.
11 K. v. Sury: Wörterbuch der Psychologie, Basel-Stuttgart 1967
12 Duden Lexikon, Mannheim 1972
13 Arnold-Eysenck-Meili, a.a.O.
14 K. v. Sury, a.a.O.
15 Arnold-Eysenck-Meili, a.a.O.
16 Robert Ardrey: Adam kam aus Afrika, Wien 1967
17 Ernst Heinrich Bottenberg, a.a.O.
18 ebd.
19 K. v. Sury, a.a.O.
20 ebd.
21 Arnold-Eysenck-Meili, a.a.O.
22 Fritz Wiedemann, a.a.O.
23 K. v. Sury, a.a.O.
24 ebd.
25 ebd.
26 ebd.
27 ebd.
28 ebd.
29 H. Wenzl: Seelisches Leben, lebendiger Geist, München 1950
30 K. v. Sury, a.a.O.
31 ebd.
32 ebd.
33 Arnold-Eysenck-Meili, a.a.O.
34 Daivd C. Mc Clelland; Die Leistungsgesellschaft, Stuttgart 1966
35 Arnold-Eysenck-Meili, a.a.O.
36 K. v. Sury, a.a.O.
37 ebd.
38 George Caspar Homans: Elementarformen sozialen Verhaltens, Köln-Opladen 1968
39 Heinrich Lampert, a.a.O.
40 Fritz Wiedemann, a.a.O.
41 Irenäus Eibl-Eibesfeld: Der vorprogrammierte Mensch, Wien 1973